hänssler

Angelika und Hartmut Steeb (Hrsg.)

Aber bitte nicht den!

Kennenlerngeschichten

Hänssler-Hardcover
Bestell-Nr. 394.501
ISBN 978-3-7751-4501-5

Internet: www.haenssler.de
E-Mail: info@haenssler.de
Umschlaggestaltung: Mehrblick Grafik & Design, Pforzheim
Titelbild: Getty Images, »Young man offering woman«
Satz: Vaihinger Satz + Druck, Vaihingen/Enz
Druck und Bindung: Ebner & Spiegel, Ulm
Printed in Germany

Foto Kramlich S. 64: © Edwin Huddle Photography

Inhalt

Vorwort

Kennen Sie die Geschichte? *Ein kleiner Bub sitzt grübelnd seinem Papa gegenüber und macht seufzend seinem Herzen Luft: »Papa, das ist einfach ungerecht. Der Opa hat die Oma genommen, du hast die Mama genommen, und ich – ich soll eine Fremde nehmen!«*

Und wir können gleich noch anfügen: Adam nahm die Eva – wen denn sonst!

Ja, es ist etwas ganz Besonderes, wenn aus zwei eigentlich »Fremden« ein Paar wird, eine innige Gemeinschaft, »ein Fleisch«, wie es die Bibel sagt. Gibt es ein passenderes Bild?
Und gibt es jemanden, der nicht von diesem romantischen Augenblick träumt: Ein tiefer Blick in die Augen und der Traumpartner flüstert die Worte: »Ich liebe dich. Willst du mich heiraten?«

Die Wege, bis zwei sich finden, sind so unterschiedlich, wie wir Menschen eben sind.
Zum Beispiel so:
Es war in Freudenstadt. Die Frau des Dekans war wohl etwas schwierig, also liefen öfters die Mädchen, die bei ihr in Stellung waren, davon. Sie hielten es einfach in dem Haushalt nicht aus. In den Vakanzzeiten, bis ein neues Mädchen kam, holte man immer wieder sie – die Martha aus Baiersbronn. Er dachte sich: »Nach der muss ich schauen, die läuft nicht so schnell davon.« Es folgte ein Gespräch im Amtszimmer des Dekans, 6 Wochen später die Verlobung. 5 Monate später waren meine Schwiegereltern verheiratet – und das 47 Jahre lang, bis der Tod sie trennte.

Geht es noch kürzer? – Ja!
»Erstmals sah ich meine Frau vor dem Sprachkurs in der Danneckerstraße. Dann lud ich sie zu einem Konzert ein und fragte sie:

‚Fräulein Flöther, wollen Sie nicht meine Frau werden?' Darauf antwortete sie: ‚Wenn's denn unbedingt sein muss.'« (Pfarrer i. R. Konrad Eißler, Hülben) Und sie sind seit über 40 Jahren glücklich verheiratet.

Bei anderen dauert es länger, bis es funkt. Manchmal ist der Anfang schwieriger.
Auf jeden Fall aber ist dieser Anfang eben nur der Anfang, aber nicht der Anfang vom Ende.
Ehe ist kein Selbstläufer. Ehe wird man nicht in der Theorie lernen. Es gilt nun, das Versprechen umzusetzen. Es gilt, den Alltag mit all seinen Facetten aktiv zu gestalten. Eine Hochzeit ist eben eine Hoch-Zeit, anschließend kommt die Normal-Zeit, manchmal auch mit Tief-Zeiten.

Aber ein guter Anfang ist wichtig, wie beim Knöpfen eines Mantels. Der erste Knopf muss richtig geknöpft sein. Dann passen die anderen auch. Falls mal ein Knopf locker wird, der Faden reißt – bitte annähen, wieder festmachen. Nicht den Mantel auf die Seite räumen oder gar wegwerfen.

Ehe ist ein kostbares Gut. Sie ist Gottes Idee, ein einzigartiges Modell des Zusammenlebens. Sie ist Gottes Geschenk an uns. Und übrigens auch der gute Rahmen, in dem Kinder aufwachsen und gedeihen können.

Jeder und jede muss den Weg selbst gehen. Wir wünschen uns, dass durch diese so unterschiedlichen Lovestorys viele Ehe-ermutigt werden. Es lohnt sich!

Angelika und Hartmut Steeb

Zwei Schwaben in Rumänien

Fragst Du den Mensch,
warum er einen andern plötzlich so wie sein Leben liebt?
Nur ein Moment,
ein dünner Hauch, der beide lebenslang umgibt.
Weißt Du es noch,
als aus zwei Augen plötzlich nur noch Sonne schien?
Und Du fragst uns, warum wir nach Rumänien ziehn?

(Auszug aus dem Lied zur Rumänienfahrt 2000,
Text und Musik: Winfried Kuhn)

Wenn wir in einem Satz sagen sollten, wie wir uns kennengelernt haben, dann lautet die einfache Antwort: in Rumänien. Aber ganz so einfach war es natürlich nicht.
Im Nachhinein kann man sagen, dass Gott schon sehr stark seine Hand im Spiel hatte, sonst wären wir uns vermutlich nie begegnet.

Carolin:
Ich war schon viele Jahre bei einer ökumenischen Arbeitsgemeinschaft aktiv, die neben eigenen Gottesdiensten, Hauskreisen und Jugendarbeit auch eine Rumänienhilfe ins Leben gerufen hatte. Seit 1996 war ich nicht nur an der Vorbereitung der Hilfstransporte zu Hause beteiligt, sondern bin jedes Jahr mit dem sogenannten »Treck« nach Rumänien gefahren. Der »Treck« ist eine Gruppe eifriger Helfer, die mit mehreren LKWs (40-Tonner) und einem Begleitfahrzeug regelmäßig aufbrechen, um Hilfe direkt vor Ort zu leisten und Hilfsgüter zu verteilen. Das Besondere war zum einen, die Situation im Land selbst zu sehen und zu erleben, wie die Hilfe aus Deutschland direkt bei den bedürftigen Menschen ankommt. Zum anderen

herrschte bei den Trecks immer eine tolle Gemeinschaft unter allen Mitfahrenden – und es machte trotz aller Strapazen einfach Spaß.
Im Herbst 1999 fing meine Freundin Petra bei einer Firma in Stuttgart zu arbeiten an. Sie erzählte mir immer wieder von ihren Kollegen und wie sehr sie sich wünschte, ihnen von Jesus zu erzählen. Im Januar 2000 waren wir zusammen Ski fahren. Unter anderem erzählte sie mir von ihrem Kollegen Frank. »Den müsste man unbedingt zum Treck bringen, das wäre so gut für ihn«, war ihre Aussage. Praktischerweise hat Frank einen LKW-Führerschein und war damit natürlich als Fahrer für unseren Hilfstransport prädestiniert.
Da Petra sehr gut darin ist, Leute von etwas zu überzeugen, und Frank auch wirklich interessiert war, brachte sie ihn also mit zu einer unserer Vorbereitungssitzungen.
Mir ist er an diesem Abend eigentlich nicht besonders aufgefallen. Wahrscheinlich war ich zu sehr mit den ganzen Vorbereitungen und organisatorischen Dingen beschäftigt, die wir zu besprechen hatten (trotzdem waren die »Treckersitzungen« immer sehr lustig).
Winfried, der Leiter des Trecks, arbeitete zu dieser Zeit übrigens in derselben Firma wie Frank und Petra. Er war eigentlich überall als »Kuppler« bekannt, aber in unserem Fall hatte er seine Finger nicht im Spiel.

Frank:
Als wir gefragt wurden, ob wir unsere »Geschichte« nicht niederschreiben und quasi über Nacht zu weltberühmten Schriftstellern werden wollten, war ich etwas skeptisch, neige ich doch eher dazu, im Hintergrund zu wirken und nicht profilierend nach vorne zu preschen.☺

Wenn ich mich an die Zeit zurückerinnere, in der ich zum Treck kam, so galt das auch damals schon. Ich saß ruhig, aber äußerst erwartungsvoll in meiner ersten »Treckersitzung« und war gespannt, was auf mich zukommen würde.
Winfried hatte mich seinerzeit mit den Worten *»Mir sen aber stockfromm, des woisch aber scho, gell?«* gewarnt und fragte mich, ob ich

meiner Sache sicher wäre, mich auf den Treck und die Trecker-Truppe einlassen zu wollen. Mein Interesse, an dem Hilfstransport teilzunehmen, war jedoch größer als die Furcht vor irgendwelchen »stockfrommen« Leuten. Ich hatte zuvor bereits bei einem privat organisierten Hilfstransport in die Ukraine meine ersten Erfahrungen gesammelt, die nicht allzu gut waren, und war gespannt, wie koordiniert die Sache ablaufen würde.
Carolin kam zu jener Sitzung zu spät und war mir deshalb auch gleich aufgefallen, aber der Schüchterne schweigt und genießt. Weitere Sitzungen und Aktionstage sollten folgen, ohne dass Carolin oder ich verstärkt Notiz voneinander genommen hätten.

Dann kam der große »Aktionstag« und das Beladen der gemieteten LKWs. Zahlreiche Helfer waren anwesend, unter anderem auch Carolins Vater. In einer Arbeitspause stand ich mit einigen Leuten (darunter Carolins Vater) in der Küche des Gemeindehauses. Als das Thema auf Beziehungen kam, meinte er: »Der Mann, den meine Tochter mal heiratet, muss Landwirt oder LKW-Fahrer sein – solche Männer gefallen ihr!« Ohne ernsthafte Hintergedanken dachte ich: *Das würde ja passen!*

Der Tag des Trecks rückte näher. Kurz vor der Abfahrt – als es praktisch kein Zurück mehr gab – fragte mich Winfried ein weiteres Mal: »Mir sen stockfromm, des woisch aber scho, gell – hasch dr des gut überlegt?« Natürlich fuhr ich mit.
Der Treck war am Rollen, Abladestation um Abladestation wurde in Rumänien angefahren. Carolin hatte vor allem mit Petra ihren Spaß. Ich, unberührt davon, fand neue Freunde und klasse Kameraden.
Auf der Fahrt zu unserer letzten Abladestation wurde mir und Winfried, mit dem ich eine LKW-Kabine teilte, Carolin als Kopilot zugeteilt. Am Zielort angekommen hatten wir noch Zeit, bis alles zum Entladen bereit war. Alle Mitfahrer (meine LKW-Besatzung und die Mannschaft des Begleitfahrzeugs) hatten noch Zeit. Wir brachen zu einem Spaziergang in die Weiten des rumänischen Hügellands auf.

Erstmals nahmen Carolin und ich ernsthaft Notiz voneinander. Auf der Rückfahrt von unserer letzen Abladestation in unsere rumänische Basisstation saß Carolin erneut auf meinem Beifahrersitz, während Winfried in der Koje lag und schlief.
Wir unterhielten uns nett über den bisherigen Treck und viele andere Dinge.

Carolin:
Die Zeit in Rumänien war immer sehr intensiv. Man sieht viel Leid und Not, erlebt aber auch sehr viel Hoffnung und Freude über die Hilfe. Die beschriebenen Tage mit Frank im LKW habe ich sehr genossen. Ich weiß nicht mehr, worüber wir uns unterhalten haben, aber wir haben uns einfach gut verstanden. Auch auf besagtem Spaziergang merkte ich, dass ich sehr gerne mit ihm zusammen war. Irgendwann auf der Rückfahrt in Richtung Heimat war ich einfach nur noch verliebt in ihn.

Auf dem Weg durch Österreich – es war etwa 3.00 Uhr nachts – saß ich bei Winfried auf dem Beifahrersitz und Frank schlief hinten in der Koje. Wir unterhielten uns und die Sprache kam auch auf Beziehungen. Winfried wollte wissen, welche Erwartungen ich an einen Freund hätte. Ich antwortete ihm mit voller Überzeugung, dass er auf jeden Fall »fromm« sein müsste. Und das, obwohl ich sehr verliebt in Frank war, der bis dahin mit der Kirche nicht viel am Hut hatte. Es war schon in dieser Situation ein Wechselbad der Gefühle, und es sollte noch weitergehen.
Wieder in Deutschland angekommen, kehrte schnell der Alltag ein. Es dauerte einige Zeit, bis Frank und ich uns wiedersahen.

Frank:
Die einzige Möglichkeit, an Informationen über Carolin heranzukommen, bestand über Petra. So erhielt ich Carolins E-Mail-Adresse. Eine erste, etwas unsichere Kontaktaufnahme begann. Kurz darauf überraschte mich Carolin nach Feierabend mit einem Anruf. Total überrascht und aufgeregt plauderten wir gut eine halbe Stunde.

Etwa zwei Wochen nach Ende der Rumänienfahrt lud mich Petra zu einem Gottesdienst ein, an dem sie und Carolin auch aktiv mitwirkten. Nach dem Gottesdienst verabschiedete sich Petra bald und wir beide waren unserem »Schicksal« überlassen. Gemeinsam gingen wir noch auf ein Fest, um etwas zu essen. Carolin fragte mich dabei regelrecht aus. Sie wollte alles von mir wissen – Familie, Freunde, Karriere ...

Carolin:

Ich war schon neugierig, weil ich noch nicht so viel über Franks Umfeld wusste – außer wo er arbeitet und dass seine Eltern einige Weinberge haben. Frank dagegen hatte von meinem Umfeld durch den Treck schon einiges kennengelernt. Er wusste von meinen kirchlichen Aktivitäten, kannte meine beste Freundin ...

Die nächsten Tage und Wochen waren für mich ein Wechselbad der Gefühle. Auf der einen Seite war die Verliebtheit und der Wunsch, so viel wie möglich mit Frank zusammen zu sein. Auf der anderen Seite standen meine Grundsätze. Ich wollte mein Leben mit Gott leben und ich wollte alles richtig machen. Ich betete viel und rang mit mir selbst und mit Gott. Ich fragte meine Freundinnen um Rat. Eine war völlig entsetzt und sagte, ich solle bloß nichts mit jemandem anfangen, der mit der Kirche nichts am Hut hat. Petra dagegen äußerte den Gedanken, dass es besser sein könnte, wenn jemand in ein kirchliches Umfeld hineinwächst und erfährt, was uns am Glauben wichtig ist, als ein Christ, der dafür sehr stark in seinen Traditionen verhaftet ist und beispielsweise mit Lobpreis nichts anfangen kann.
Ich las auch viel in der Bibel über Mann und Frau und fand die Aussage von Paulus über gläubige Frauen und ungläubige Männer (1. Korinther 7,13-14), die mir sehr viel Mut machte.

Frank:

Nachdem durch Carolins ersten Anruf für mich eine Hürde genommen war, telefonierten wir öfters miteinander und verabredeten uns zu einem ersten Rendezvous – im Nachhinein betrachtet war es zumindest eins. Damals war es für mich lediglich das erste Mal, mit einer Frau alleine essen zu gehen und einen abendlichen Spaziergang zu machen.

Carolin:
Am Tag darauf stand dann ein Bote vor der Tür, der einen Blumenstrauß vorbeibrachte. Da wird natürlich jede Frau schwach, vor allem, weil ich gar nicht damit gerechnet hatte. Weitere Treffen und Blumensträuße sollten folgen.
Seit dieser Zeit stand für uns fest, dass wir gemeinsame Wege gehen wollten.

Bis dahin hatte Winfried, der Meister aller Kuppler, noch nichts mitbekommen. Das sollte sich jedoch bald ändern. Kurz darauf wurden wir unabhängig voneinander zum Fischessen bei Winfried eingeladen, Petra war auch mit von der Partie. Wir drei vereinbarten, dass wir Winfried noch etwas auf die Folter spannen und ihm nichts von der Beziehung zwischen Frank und mir erzählen wollten. Frank und ich hatten den Tag zusammen verbracht und hatten beide einen kräftigen Sonnenbrand, was Winfried irgendwann einmal auffiel. Jetzt mussten wir also mit der Sprache herausrücken. Doch genau in diesem Moment stellte Winfrieds Frau eine völlig andere Frage und lenkte das Gespräch dadurch in eine andere Richtung. Wir beide und Petra hatten sehr viel Spaß an diesem Abend.
Im Nachhinein erfuhren wir dann, dass Winfrieds Frau ihren Mann am Ende des Abends fragte, ob er denn nichts gemerkt habe ...

Seit dieser Zeit sind wir zusammen auf unserem Lebensweg unterwegs. Wir sind eigentlich zwei sehr unterschiedliche Menschen und auch heute noch oft verschiedener Meinung. Manchmal kann das ganz schön anstrengend sein, aber dennoch gehören wir zusammen, ergänzen uns und profitieren immer wieder von unserer Unterschiedlichkeit.
Was den Glauben betrifft, war Frank schon durch den Rumänien-Treck sehr offen dafür. Außerdem wollte er natürlich wissen, was

seine Freundin am Wochenende so treibt, daher ging er fast in jeden Gottesdienst und Gebetskreis mit. So ist er einfach in das Leben mit Jesus hineingewachsen.
Das alles ist jetzt mehr als sechs Jahre her. Wir sind seit vier Jahren glücklich verheiratet und erwarten in den nächsten Monaten unser erstes Kind.

Carolin und Frank Bäuerle
Hochzeit: 30.08.2002
Lieblingsbeschäftigung: gemeinsame Ausflüge, Familie und Freunde

Die passt gut zu dir

Noch ehe wir uns kannten, dachten unsere Freunde daran, uns beide zusammenzubringen.
Ein Freund sagte zu Rolf: »Wir kennen da jemand, die passt gut zu dir. Aber sie ist fromm. Na ja, davon kannst du sie ja heilen.«
Bei aller gut gemeinten Initiative der Freunde reagierten wir zunächst unabhängig voneinander ablehnend.

Aber der Tag kam, an dem die Bemühungen der Freunde »Erfolg« hatten. Rolfs Freund hatte Geburtstag, Karin war mit seiner Frau befreundet und so wurden wir zu dieser Feier eingeladen.
Nicht schlecht eingefädelt – bat Rolfs Freund ihn dazu noch, Karin zur Feier abzuholen …

Um die nachfolgende Entwicklung besser zu verstehen, müssen wir noch ein paar Hinweise geben:
Rolf war zu dieser Zeit 26 Jahre alt. Er hatte an der Pädagogischen Hochschule in Dortmund studiert und unterrichtete als Junglehrer an einer Dortmunder Schule. Im Konfirmandenunterricht war ein grundlegendes Glaubensverständnis gelegt worden. So stand es für Rolf außer Zweifel, dass er – neben anderen Fächern – auch 6 Semester Theologie studierte. Die 60er-Jahre waren gekennzeichnet durch die Auseinandersetzung mit der modernen Theologie. Rolf kam während seines Studiums mit der Theologie Rudolf Bultmanns in Berührung und absolvierte in Evangelischer Religion im Wesentlichen auf der Grundlage dieser Theologie sein 1. Staatsexamen. Er war weit entfernt davon, eine persönliche Beziehung zu Gott und zu Jesus zu haben.
Karin war 22 Jahre alt, als wir uns kennenlernten. Durch die Beziehung zu einer Betheler Gemeindeschwester war sie zum lebendigen Glauben gekommen. Sie arbeitete zu der Zeit als Sekretärin in der Evangelischen Landeskirche von Westfalen.

Unserer ersten Begegnung folgten weitere Verabredungen.

Die Frage nach Jesus beschäftigte uns von Anfang an. Rolf fiel die Selbstverständlichkeit auf, mit der Karin über ihren Glauben sprach und welche Bedeutung er für sie hatte. Bei einem Tanz-Meeting sagte sie: »Als Ehepartner kommt für mich nur ein Christ infrage!«

Da Rolf sehr verliebt war, spielte diese Aussage für ihn nur eine untergeordnete Rolle, obwohl die Glaubensgespräche an Intensität nicht nachließen. Rolf wollte Karin natürlich so oft wie möglich sehen. Auch Karin fühlte sich sehr zu Rolf hingezogen, nicht zuletzt weil er ein so aufmerksamer und einfühlsamer Gesprächspartner für sie war.

Rolf lernte auch die erwähnte Betheler Schwester, Karins geistliche Mutter, kennen, deren fröhliche Glaubensprägung ihn sehr beeindruckte. Er spürte ihre ehrliche und offene Zuneigung und das Bedürfnis, ihn mit Jesus in Verbindung zu bringen.

Karin dagegen war zurückhaltender, skeptischer. Wir trafen uns regelmäßig, aber Rolf merkte, dass sie ihn noch nicht so liebte wie er sie. Aber er spürte ihr auch ab, dass sie sich eine Beziehung zu Gott für ihn wünschte.
So fragte sie ihn, ob er nicht mit ihr und anderen aus der Gemeinde zum Jugendtreffen nach Ahlden fahren wollte.
Rolf war viel zu verliebt, als dass er nicht bereit gewesen wäre, auch solch ein frommes Treffen über sich ergehen zu lassen.
Es war ein Treffen, auf dem er Heinrich Kemner und Klaus Vollmer hörte. Unter den mächtigen Eichen im Pfarrhof von Ahlden betete Paul Deitenbeck mit jungen Männern. Das hat Rolf sehr bewegt.
Die Gespräche mit Schwester Helene und Karin entwickelten sich weiter, aber Rolfs Herz erreichten sie noch nicht. Nur eine unerklärliche Unruhe machte sich in seinem Herzen breit.
Rolf empfand, dass unsere wachsende Beziehung noch nicht tragfä-

hig war. Er ahnte, dass Karin vielleicht doch noch Nein zu ihm sagen könnte.

Nach vier Monaten jedoch begann eine entscheidende Entwicklung in unserer Beziehung.
Karin hatte sich durch Vermittlung von Schwester Helene, die alles tat, damit Karin in ihrer geistlichen Entwicklung weiterkam, beim Sommerbibelkurs in Aidlingen angemeldet.
Sie fragte Rolf, ob er sie nicht nach Aidlingen bringen könne und vielleicht noch ein paar Tage am Bibelkurs teilnehmen wolle. Eine Woche mit Karin – das bedeutete Rolf sehr viel. Ohne Zögern sagte er zu. Da er schon mit Freunden einen Urlaub geplant hatte, konnte er nur eine Woche bleiben.
Normalerweise wurden nur Teilnehmer für die ganze Zeit des Bibelkurses (3 Wochen) aufgenommen. Bei Rolf schien eine Ausnahme möglich!
So fuhren wir zusammen mit einer Freundin nach Aidlingen.
Rolf war bereits am ersten Abend so geschockt, dass er Karin sagte: »Du, hier bleibe ich nicht. Ich fahre morgen nach Hause.«
So viele gläubige Menschen in der Atmosphäre des Mutterhauses nahmen ihm die Luft zum Atmen.
Er spürte unmissverständlich: »Du stehst hier außerhalb, du gehörst nicht dazu.«

Rolf kann nicht mehr sagen, was ihn bewogen hat, dennoch zu bleiben. War es die Liebe zu Karin, die er bei einer vorzeitigen Heimreise zu verlieren glaubte? Oder war es mangelnder Mut, einfach abzureisen? Wir wissen es beide nicht mehr. So blieb Rolf, beobachtete, führte Gespräche und kam so allmählich zur Ruhe.
Rolf erinnert sich, dass Karin ruhig und zurückhaltend, nicht drängend oder fordernd wirkte.

Fast gegen Ende seiner Woche in Aidlingen suchte Rolf ein Gespräch mit der leitenden Schwester. In diesem Gespräch wurde ihm die

Existenzfrage für sein Leben gestellt: «Mit oder ohne Jesus?«
Gott hatte ihn in diesen wenigen Tagen innerlich schon so geformt und vorbereitet, dass er an diesem Abend Jesus sein Leben anvertraute.

40 Jahre sind seither vergangen – ein erfülltes gemeinsames Leben, in dem Jesus die Mitte ist. Er ist bis heute der Navigator unserer Beziehung. Zu Beginn unserer Freundschaft hatte Karin wohl nur eine vage Vorstellung, wie angenehm es vielleicht sein könnte, wenn der Partner Christ ist. Jedoch in der ganzen Tiefe und Konsequenz kann Karin erst im Rückblick ermessen, dass wir ohne diese Wende völlig andere Prioritäten in unserem Leben gesetzt hätten.

Nachdem Rolf die Entscheidung für Jesus getroffen hatte, ging er zu Karin auf ihr Zimmer und erzählte ihr alles, was sich zugetragen hatte.
Karin empfand tiefen Frieden in ihrem Herzen und die Gewissheit, dass Rolf der Mann ihres Lebens ist.
Wir knieten beide nieder und beteten zum ersten Mal miteinander. Wir legten Jesus unser Leben hin und baten ihn, dass er uns von jetzt an gemeinsam führen sollte.

Karin und Rolf Brune sind seit 1968 verheiratet und haben 2 Töchter. Karin war Sekretärin und Rolf bis 2003 Rektor einer Grund- und Hauptschule. Über drei Jahrzehnte engagierten sie sich in der überkonfessionellen Arbeit der Navigatoren. Beide sind heute Mitarbeiter der Ludwig-Hofacker-Gemeinde Stuttgart und in einer Initiative für Menschen des 3. Lebensabschnitts.

Er führet mich auf rechter Straße ...

Das war für Berta Keppner und Fritz Büchle in Vaihingen/Enz tiefe Überzeugung und Glaubensgewissheit geworden. In der kirchlichen Jugendarbeit waren sie zum lebendigen Glauben an Jesus Christus gekommen. Sie war gebürtig aus Vaihingen, ging dort zur Schule und war nun, nach dem Besuch der Handelsschule, in einem Industriebetrieb in der Stadt als Kontoristin tätig.
Er war Umsiedler aus Bessarabien und Flüchtling aus dem polnischen Warthegau und lebte mit seiner Familie in Ensingen und Kleinglattbach. Nach der mittleren Reife erlernte er das Weben und arbeitete in einer heimischen Weberei.

In der Freizeit waren beide in der Jungen Gemeinde und als Helfer im Kindergottesdienst beschäftigt. Dabei war ihnen ihr jeweiliger Konfirmationsspruch sehr wichtig und eine Stärkung für den persönlichen Glauben und den Dienst an der jungen Generation.

Berta wurde im März 1946 in der Stadtkirche in Vaihingen konfirmiert und bekam das Wort aus Jesaja 28,29 mit auf den Lebensweg: *»Des Herrn Rat ist wunderbar, und er führt es herrlich hinaus.«*
Fritz wurde Anfang März 1946 auf der Flucht in einer Schule in Damme in der Mark Brandenburg konfirmiert, kurz bevor die Reise ins Land der Väter nach Württemberg weiterging. Der Pfarrer segnete ihn mit dem Wort aus Psalm 37,5 für den weiteren Weg: *»Befiehl dem Herrn deine Wege und hoffe auf ihn, er wird's wohlmachen.«*
Während mancherlei Begegnungen in den kirchlichen Jugendkreisen hatte Fritz schon sehr früh ein Auge auf Berta geworfen und eine große Zuneigung zu ihr in seinem Herzen verspürt.
Jedoch wollte er keine frühe eigensüchtige Liebelei mit ihr anbändeln, wie das allgemein üblich war. Er wollte sich auch auf diesem Gebiet

des Lebens von Gott beschenken und führen lassen. Deshalb hielt er sich sehr zurück, bis er volljährig war. Das war man damals erst mit 21 Jahren.

Eine Begegnung mit Folgen

Als nun nach drei langen Jahren und großer Sehnsucht nach Berta dieses Ziel erreicht war, wagte Fritz es im Januar 1952, sie in einem kleinen Brieflein um eine Begegnung an einem bestimmten Ort und um ein Gespräch zu bitten. Leider hat Berta diesen Brief nicht rechtzeitig erhalten, weil er im falschen Briefkasten landete und über Stuttgart nach Vaihingen geschickt wurde. Sonderbarerweise war sie aber doch an dem Platz, wo er ihr begegnen wollte, erschienen, zu der gewünschten Zeit. Das machte ihm Mut; aber sie wusste nichts von dem Brief. So wagte er es nun dennoch, von seiner großen Liebe zu ihr zu sprechen. Darauf »fiel sie aus allen Wolken«; denn sie hatte bis dahin noch nicht die Gefühle für ihn wie er für sie. – Doch es gab eine gute und offene Aussprache in der Verantwortung vor Gott und den jungen Menschen, die beiden in ihrem Dienst anvertraut waren. Sie wollten beide unter Gottes Wort und im Gebet weiterhin offen sein für die Hinweise und Führungen Gottes. Mit der Tageslosung und einem kurzen Gebet wurde diese Begegnung beschlossen und nicht als Unglück oder Pech empfunden.

Verschiedene Wege

Fritz ging im selben Jahr zum Studium der Textilindustrie nach Reutlingen. Nach einem Jahr kehrte er als Textiltechniker und Webmeister in seinen ehemaligen Betrieb zurück und bekam dort eine gute Stellung. Innerhalb der kirchlichen Arbeit trafen sich beide öfter und achteten weiter auf die Weisung des Herrn.

Für Fritz aber bahnte sich eine ganz neue Wegführung an: Er wusste sich zum hauptamtlichen Dienst in der Gemeinde von Jesus berufen und meldete sich zur Ausbildung in der Evangelistenschule Johan-

neum in Wuppertal an. Dort wurde er im Herbst 1954 zum Studium aufgenommen.
Der Abschied von Berta war kurz und für ihn doch mit einem spürbaren Schmerz verbunden. Jedoch wollten beide auch weiterhin sehr genau auf den Wink des Herrn achten und ihm folgen. Fritz war nun weit, weit weg von Berta und kam nur für kurze Zeit in den Ferien nach Hause.

Bei einer Begegnung an Ostern 1955 merkte Fritz, dass Berta nach seiner langen Abwesenheit eher geneigt war, mehr für ihn zu empfinden als vorher.
Daraufhin schrieb er ihr aus Barmen Folgendes: »*Vielleicht konnte ich Dir am Montag die Notwendigkeit der hier im Haus bestehenden Ordnung (Verlobungsparagraf) nicht so recht überzeugend deutlich machen. Ich möchte es jetzt auch nicht auf schriftlichem Weg versuchen, weil es da noch schwieriger wäre. Aber ich will doch sagen: Gott hat nun einmal diese Ordnung bisher so bestehen lassen und hat mich hier hergeführt. So will ich nun im Gehorsam auch diese Spannung, die dadurch zu ertragen ist, als Führung Gottes ansehen und frei und offen in meinem Tun und Lassen bleiben können. Deshalb bitte ich, sei mir nicht böse, wenn ich Dir noch nicht regelmäßig schreiben kann. Dabei weiß ich, wie schwer das für Dich und für mich sein kann. Aber es waren jetzt an Ostern 6 Jahre, dass ich in dieser Spannung lebe. Wenn Gott es will, dass wir beide zusammenkommen, dann wird er uns auch Kraft geben, noch knapp zwei Jahre stillezuhalten.*
Liebe Berta, zum Schluss will ich Dir noch einmal sagen, dass ich mit alldem, was ich geschrieben habe, nicht sagen wollte, dass Du auf mich warten sollst. Du sollst die Freiheit haben, Dich nach Deinem Willen zu dem zu entscheiden, zu dem Du Dich im Gebet hindurchringen kannst. Du sollst nur auf mich warten, wenn Du es aus freier Entscheidung heraus willst und nicht anders kannst als so.«

Am 9. Juli 1955 schrieb Berta ihm nach Wuppertal unter anderem: »*Weißt Du, ich habe mich über Deine Zeilen so sehr gefreut, dass ich*

lange gebraucht habe, um alles zu verkraften. Aber heute kann ich Dir umso freudiger schreiben, dass Gott mir jemand, und zwar Dich, in den Weg und somit in mein Leben gestellt hat, für den ich beten darf, an den ich denken darf und für den ich da sein darf.« – Fritz bedankte sich für diese Zeilen in großer Freude sehr herzlich.
So gingen beide in die nun folgenden »zwei Studienjahre«. Treffen und Briefwechsel gab es nur bei und für besondere Anlässe, sodass Monate vergingen, bis wieder eine Nachricht in besonderer Angelegenheit eintraf.

Ein weiter Weg zum »Happy End«

Am 29. Juli 1957 gingen beide, nach der Einsegnung von Fritz, auf eine Bergfreizeit im Bregenzer Wald. An diesem Tag waren sie am Abend allein in der Küche eines Almhauses. Dort sprachen sie noch einmal über ihre Gefühle füreinander und über ihre Liebe zueinander. Sie fragten einander, ob sie im Dienste des Herrn Jesus Christus und in seiner Gemeinde miteinander durchs Leben gehen wollten. Sie sagten dort in den Bergen in großer Freude »Ja« zueinander und baten den Herrn, dass er der Dritte und *Erste* im Bunde sein möge. Das war dann auch die Stunde des ersten Kusses; und dieser Tag steht als heimliches Verlobungsdatum bis heute in ihren Ringen. Sie empfanden in diesem Augenblick zutiefst, was Anna Katterfeld und Wilhelm Ilgenstein sagten:

»Wenn zwei sich so begegnen und Lieb das Herze rührt,
will Gott von Herzen segnen, dass er sie fortan führt,
und eins zum andern sag: Wen sollt ich anders wünschen
aus hunderttausend Menschen? Du bist meins Gottes Gab.«

Nun war aber trotzdem noch nicht alles in »Butter«; und die Geschichte war noch lange nicht an ihrem »Happy End« angekommen. Es begann nun eine völlig außergewöhnliche Verlobungszeit: Der Bräutigam wurde Reisesekretär beim Deutschen Christlichen Techniker Bund (DCTB) mit Sitz in Korntal und bewegte sich über

zwei Jahre hinweg mit Koffer und Tasche per Bahn und Bus über Deutschlands Schienen und Straßen im Dienste des größten Königs – Jesus Christus.
Die Braut war weiterhin »allein« zu Hause in der Familie, in ihrem Beruf, im Mädchenkreis und im Kirchenchor. Sie schrieb neben ihrer vielen Arbeit fleißig Briefe an ihren Geliebten, ach immer so fernen, »nicht sesshaften Straßenbenutzer« und wartete mit Sehnsucht auf seine Antworten.
So gingen nun die »heißen« Liebesbriefe kreuz und quer durch Deutschland: von und nach Berlin, Siegen, Dortmund, Wuppertal, Düsseldorf, Holzminden, Höxter, Duisburg, Idstein im Taunus, Nürnberg, Korntal usw.
Fritz freute sich schon immer, wenn er an einen neuen Ort kam, an dem schon ein Brief von seiner lieben Berta auf ihn wartete. Manchmal konnte sie auch mit auf eine Tagung oder eine Wochenendfreizeit.
Nun waren die beiden »Königskinder« heimlich und bald auch öffentlich verlobt und bis über beide Ohren ineinander verliebt. Aber sie konnten zusammen nicht kommen – die Wohnungen waren viel zu knapp. In Korntal auf dem Einwohnermeldeamt konnte man sich als Verlobte in die Liste der Wohnungssuchenden eintragen lassen. Jedoch auf die Frage, wie denn die Aussicht auf Erfolg wäre, kam die Antwort: »Vielleicht in zehn Jahren!« –
Es wurden vereinzelt Neubauwohnungen angeboten; aber die waren mit 300,00 DM und mehr Miete für Berufsanfänger, besonders im kirchlichen Dienst, viel zu teuer und unerschwinglich.
Aber bei allem hatten die beiden viel Freude an der Verkündigung des Evangeliums und an der Begegnung mit vielen jungen und älteren Menschen.

Die besonderen Höhepunkte waren aber immer die Besuche von Fritz bei Berta, wenn er nach vier oder fünf Wochen Reisedienst wieder einmal nach Hause kam. Jedoch die Sehnsucht zueinander wurde immer größer und das Warten aufeinander immer schwerer.

Doch darüber wurden beide nie tieftraurig. Sie wussten sich von ihrem Auftraggeber und obersten Dienstherrn geführt und glaubten fest, dass er sie nicht im Stich lassen werde; denn der Auftrag zur Ehe und Familie war ja auch von ihm.
So geschah es dann, dass sich ein Wechsel in der Arbeit anbahnte. Nach zwei Jahren wechselte Fritz vom Reisesekretär im DCTB zum Prediger in die Landeskirchliche Altpietistische Gemeinschaft.
Nun konnte endlich die Hochzeit geplant werden auf den 24. und 25. Juli 1959 in der Stadtkirche Vaihingen und im Gemeindehaus.
Dekan Ziegler gab ihnen den Trauspruch aus Nehemia 8,10: »*Und seid nicht bekümmert; denn die Freude am Herrn ist eure Stärke.*«
So waren es nun für ihn vom ersten liebenden Blick in ihre Augen bis zur Erfüllung, dass er sie in seine Arme schließen durfte, etwas mehr als 10 Jahre. Berta hatte von der ersten Gewissheit, dass sie zu ihm gehöre, noch vier Jahre in leidenschaftlicher Sehnsucht auf ihn gewartet.

Ehejahre

Bald nach der Hochzeit zogen sie miteinander in das Gemeinschaftshaus nach Öhringen und begannen dort mit großer Freude ihren gemeinsamen Dienst.
Bis heute hat sie der treue Herr durch Freud und Leid geführt und überreich gesegnet. Gott hat ihnen fünf Kinder geschenkt und im Laufe der Jahre auch deren Ehepartnern, sodass sie heute 19 Enkel haben, mit denen sie jedes Jahr über einige Tage ein Familientreffen veranstalten können. Dem Herrn sei Lob und Dank für alle wunderbaren Führungen!

Berta und Friedrich Büchle sind nun 47 Jahre verheiratet und lieben einander immer noch sehr! Gemeinsame Ausflüge und miteinander wandern gehören zu ihren Lieblingsbeschäftigungen. Wenn dann noch die Gemeinschaft mit Enkeln und Kindern erlebt wird, vergessen sie manchmal, dass sie älter geworden sind.

Mit Gott konnten wir über Mauern springen

»Fräulein Weingärtner, hier ist jemand vom Rat des Kreises, der möchte Sie sprechen.« Mit erschrockenem und fragendem Blick gibt mir meine Kollegin am 22.12.1977 morgens um 7.00 Uhr im Krankenhauslabor den Telefonhörer in die Hand. Mein Herz schlägt bis zum Hals und meine Knie zittern, als der Mann am anderen Ende sagt: »Kommen Sie sofort zu mir und übrigens, wie haben Sie das hinbekommen?« Mir war klar: Es war der Anruf, auf den ich über ein Jahr gewartet habe. Dieser Tag ist einer der wenigen in meinem Leben, die sich fast minutiös in mein Gedächtnis eingeprägt haben.

Vorgeschichte

Vorausgegangen war eine deutsch-deutsche Liebesgeschichte. Eine Geschichte voller Wunder und Dankbarkeit an unseren Gott.

Ich bin mit drei Geschwistern in einem christlichen Elternhaus in der ehemaligen DDR groß geworden. Mein Vater war Laienprediger in einer Landeskirchlichen Gemeinschaft. Gemeindearbeit gehörte zu unserem Leben. So wurde ich auch Leiterin unseres kleinen Jugendkreises.

Bei Paul war es ähnlich. Aufgewachsen westfälisch -bodenständig, mit zwei Brüdern. Seine Eltern gehörten auch zu einer Landeskirchlichen Gemeinschaft und Paul war aktives Mitglied im EC-Jugendbund.
Zu Zeiten der Trennung der beiden deutschen Staaten und Kirchen versuchten die Verantwortlichen der Kirchen und Werke auf offiziellen und inoffiziellen Wegen, Möglichkeiten der Begegnung und Unterstützung der Christen in der damaligen DDR zu schaffen.
Es gab eine Partnerschaft der Jugend in der Landeskirchlichen

Gemeinschaft in der damaligen DDR mit einem Landesverband des EC in Westdeutschland. So geschah es, dass Paul und ich uns an solch einem Partnerschaftstreffen am Buß- und Bettag 1974 in Berlin das erste Mal sahen. Wir haben uns bei diesem Treffen wohl wahrgenommen und miteinander gesprochen, aber »Funken« sind nicht übergesprungen. Wir haben uns danach nicht einmal geschrieben. Ziemlich arglos habe ich im Mai des nächsten Jahrs für vier junge Leute aus dem EC die Einreise zu einem Jugendtag beantragt. Darunter war auch Paul und unsere Gespräche wurden intensiver. Wir schrieben uns danach und versuchten, wieder an diesem Partnerschaftstreffen teilzunehmen.

Berlin – Alexanderplatz

Gott ebnete den Weg und im November 1975 trafen wir uns ein erneutes Mal in Berlin. Da gab es auf beiden Seiten schon Vorfreude und leichtes Herzklopfen. Wir redeten viel miteinander und am letzten Abend ist Paul länger in Ostberlin geblieben und wir schlenderten zusammen über den Alexanderplatz. Wir fuhren einige Male auf den Fernsehturm, weil man nur eine gewisse Zeit oben bleiben durfte. Es war sehr kalt, wir wollten uns noch nicht trennen, also wurde er zu unserer Aufwärmstation. Noch heute schmunzeln wir bei seinem Anblick.
Wir merkten, dass sich bei uns Interesse füreinander entwickelte. Aber beide hatten wir Angst, unseren Gefühlen freien Lauf zu lassen. Zwischen uns stand eine unüberwindbare Grenze, vom Berliner Fernsehturm war sie deutlich sichtbar. So trennten wir uns in einem Gefühlschaos und mit der Verabredung, weiterhin in Briefkontakt zu bleiben.

Offene Worte

Paul bekam erste Ermahnungen des Bundeswarts. Die Grenze lässt keine gemeinsame Zukunft zu, also auch keine Freundschaft beginnen. Das war realistisch und verantwortungsvoll. Dennoch haben wir uns weiterhin geschrieben, und als unser Gemeindeprediger eine Jugendfreizeit in Polen plante, habe ich diese Information an Paul und den Partner-EC in Bielefeld weitergegeben. Von allen anfangs Interessierten des EC blieb nur Paul übrig. Er machte sich allein auf die Reise. Dass nicht nur Land und Freizeit ihn zogen, war in Ost und West schon klar. Es wurde schon über uns gemunkelt. Wir »genossen« die Tage unter den aufmerksamen Blicken der Teilnehmer und unausgesprochen blieb die Frage: Sind sie nun »zusammen« oder nicht?

Wir haben die wenige Zeit, die wir allein verbringen konnten, zu vielen Gesprächen genutzt. Können wir eine Freundschaft beginnen? Ist es realistisch, dass ich die DDR verlassen kann? Dass Paul nicht in die DDR übersiedelt, war uns klar. Dazu war die politische Situation nicht angetan. Als DDR-Bürger hätte er dann die gleichen Einschränkungen gehabt wie ich.
Aber reicht unsere Liebe aus, um vielleicht Jahre aufeinander zu warten? Kennen wir uns eigentlich? Wir haben uns nicht einmal vier Wochen in unserem Leben gesehen und dann auch nur im »Sonntagsgesicht«. Es waren gefühlsturbulente Tage mit vielen Fragen. Besonders für mich. Eine Entscheidung für Paul bedeutete die räumliche Trennung von meiner Familie auf unbestimmte Zeit. Dazu kamen die Ängste vor den Repressalien bei der Beantragung der Ausreise. Verliere ich meine Arbeit? Hat meine Familie Nachteile? Für Paul waren es ähnliche Fragen. In welche Situation bringt er mich vor Ort? Er kann mir nicht aktiv helfen. Wichtig war uns auch, was unsere Eltern und Geschwister, besonders meine, da sie die Last der Trennung tragen mussten, dazu sagen würden.
Sie haben einiges geahnt, aber wir hatten noch nichts konkret angesprochen. Meine Eltern kannten Paul nur von dem kurzen Besuch beim Jugendtag. In diesem Wirrwarr der Gefühle und Fragen konnten wir uns nur an Gott und seine Zusagen halten. Unser Vers wurde 2. Samuel 22,30: *«Denn mit dir kann ich Kriegsvolk zerschlagen und mit meinem Gott über Mauern springen.«* Beide sind wir innerlich

ruhig geworden und haben Gott zugetraut, das Wunder der Ausreise und einer gemeinsamen Zukunft wahr zu machen. Wir wollten ihm vertrauen, wie wir es in unserem Leben schon erfahren hatten.
Erst nachdem wir das für uns geklärt hatten, konnten wir auch unseren Gefühlen freien Lauf lassen und wir erinnern uns sehr gern an unseren ersten Kuss auf einem Berg in Zakopane.

Nun wussten die Freizeitteilnehmer endlich, woran sie mit uns waren.
Zwei Tage später war die Freizeit zu Ende. Für uns bedeutete dies ein Abschied auf unbekannte Dauer. Da meine Heimatstadt direkt an der Autobahn lag, beschlossen wir, dass Paul mich nach Hause bringt und wir damit wenigstens meinen Eltern die freudige Botschaft gemeinsam überbringen konnten. Paul hatte aber nur ein Transitvisum, das nicht zur Einreise in die damalige DDR berechtigte. Wir ignorierten das und dachten: Was soll schon bei den fünf Kilometern mitten in der Nacht passieren. Wir kannten beide nicht das Überwachungssystem der damaligen DDR. 100 Meter nach der Ausfahrt wurden wir schon gestoppt und ich von fremden Polizisten mit Namen angesprochen: »Fräulein Weingärtner, was machen Sie denn hier?« Ich dachte, ich falle in Ohnmacht ... und sah mich schon im Knast.
Nach langen Verhören auf der Polizeistation wurde Paul nach Zahlung von 150,- DM Strafe (den Strafzettel haben wir heute noch) ausgewiesen und ich mit großem »Begleitschutz« nach Hause gebracht. Ich staune heute noch über die Reaktion meiner Eltern. Sie konnten trotz aller Aufregung Verständnis für unsere Situation aufbringen und ich habe weiterhin viel Unterstützung von ihnen erfahren.
Paul wurde schnell und gern in die Familie aufgenommen. Sie haben uns umbetet. Seine Eltern konnten sich auch gut auf unsere besondere Situation einlassen. Aber aus dem Umfeld musste er sich öfter mal die Frage gefallen lassen, warum es denn eine Frau aus dem »Osten« sein müsse, es gäbe doch auch vor Ort nette Mädchen ...

Banges Warten

In den folgenden Monaten haben wir Gottes Bewahrung und Führung erlebt. Ich bekam keine Probleme am Arbeitsplatz, auch nicht nach meinem Ausreiseantrag. Paul konnte im November 1976 noch einmal nach Ostberlin und wir haben uns dort verlobt. Dies war ein »Versehen« der Behörden, denn eigentlich war er für die Einreise gesperrt. Am folgenden Tag konnte er dann nicht mehr nach Ostberlin einreisen.

Ich erinnere mich noch sehr gut, wie ich vergeblich am »Tränenpalast« gewartet habe. Paul ist an diesem Tag mit einem Freund in den Grunewald gefahren und sie haben ihre Wut und Enttäuschung beim »Randalieren« im Wald gelassen. Uns blieb nur der Briefwechsel. Telefonieren war sehr schwierig. Wir hatten kein Telefon, aber eine Nachbarin stellte uns ihr Telefon zur Verfügung. Paul schrieb mir, wann er anruft. Das Telefongespräch musste in Westdeutschland angemeldet werden und dann konnte es Stunden dauern, bis eine Verbindung geschaltet wurde – oder auch nicht. Sehr spannend und belustigend war, nach der Wende und Einsicht in unsere Stasiakte manche Gespräche im Wortlaut nachzulesen. Insgesamt 13 Ausreiseanträge wurden ohne Begründung abgelehnt. Jeder Weg zum Rat des Kreises, der zuständigen Behörde, war mit Hoffnung und Enttäuschung verbunden. Paul hat in Westdeutschland im Bundesministerium für innerdeutsche Beziehungen vorgesprochen, die Kirchenleitung eingeschaltet und auch Rechtsanwalt Dr. Vogel in Berlin involviert. Es war eine Zeit des Wartens, manchmal schwer auszuhalten. Dennoch erinnern wir uns nicht, auch nur einmal völlig hoffnungslos gewesen zu sein. Wir waren uns beide sicher, dass Gott unseren Weg in seinen Händen hat und für ihn diese Mauer kein Hindernis war. Noch heute staune ich über diese Gewissheit.

Es gab auch freudige Ereignisse. Meine Schwiegereltern machten sich auf den beschwerlichen Weg zu uns. Heute ist es fast vergessen, aber das bedeutete: mindestens 4 Wochen vorher einen Einreiseantrag zu stellen, auf die Genehmigung zu warten, viele Stunden an der Grenze auszuhalten und mit Herzklopfen alle Kontrollen zu überstehen. Sie waren vorher noch nie in der damaligen DDR gewesen und bekamen die Einreise wegen Pauls Sperre auch nicht zu uns, sondern über eine befreundete Familie 200 km entfernt. Zum An- und Abmelden mussten wir also noch 200 km fahren. Wir haben uns auf Anhieb sehr gut verstanden, ein besonderes Geschenk. Gern erinnere ich mich an einen langen Spaziergang mit meinem zukünftigen Schwiegervater. Er erzählte mir sehr viel von Paul, seiner Kindheit und Entwicklung. Mir gab dies zusätzliche Sicherheit: Ich bin willkommen.

Da Paul keine Einreise mehr genehmigt bekam, haben wir uns im Sommer und Oktober 1977 in der Tschechoslowakei getroffen. Kurze Zeiten, verbunden mit sehr viel Freude und Schmerz – ohne begründete Hoffnung auf eine schnelle Ausreise.

Der Anruf

Bis zu diesem lebensverändernden Morgen des 22.12.1977. Mir wurde von dem Beamten mitgeteilt, dass meinem Ausreiseantrag stattgegeben wurde und ich am folgenden Tag auszureisen habe. Ich war geschockt. Ich konnte doch nicht einen Tag vor Weihnachten ausreisen. Mein Vater war kurz vorher gestorben. Was würde das für ein Weihnachten für meine Mutter und Geschwister sein! Mutig sagte ich: »Das geht nicht, ich reise erst nach Neujahr aus.« Lag es an Weihnachten? Jedenfalls fragte der Beamte, wann denn? Ich sagte spontan, am 4. Januar. Ein weiteres Wunder! Normalerweise wurde an dieser Stelle nicht mehr diskutiert. Zu Hause brach die Anspannung der Jahre über mir zusammen. Ich konnte nur noch weinen, sodass meine Mutter nach Stunden besorgt fragte, ob ich überhaupt noch ausreisen wollte.

Ja, ich wollte und trotz allen Abschiedschmerzes war die Freude groß. Ich überraschte Paul am 23.12. mit dieser Nachricht. Überraschungssekunde – dann die Frage: »Wann kommst du?« Leider hat die Stasi dieses Gespräch nicht aufgezeichnet und wir können uns nur noch vage daran erinnern. Der freudige Schock saß zu tief. Am 04.01.1978 bin ich mit ebenso viel Freude wie Wehmut im Herzen über die Grenze gefahren. Am 24.02.1978 haben wir geheiratet. Niemand aus meiner Familie konnte dabei sein.

An unserem Hochzeitstag sagte Paul, jetzt haben wir »lebenslänglich«. Nicht einen Tag in unserer fast 29-jährigen Ehe haben wir daran gezweifelt.

Niemand aus meiner Familie konnte dabei sein. Es dauerte fünf Jahre, bis wir wieder in die damalige DDR einreisen konnten.

Liebe, Achtung und Wertschätzung füreinander sind in dem Maße gewachsen, wie wir gelernt haben, uns zu vertrauen und anzuvertrauen. Bei uns gibt es gelungene Tage, aber auch Tage, an deren Ende manches Wort lieber nicht gesagt worden wäre. Wie gut ist es dann, dass wir nicht zu zweifeln brauchen. Wir gehören zusammen und stehen unter Gottes Schutz und Segen.

Unsere Geschichte ist noch nicht zu Ende. Gott schreibt sie jeden Tag neu und wir freuen uns daran und sind gespannt auf die Jahre, die noch gemeinsam vor uns liegen.

Paul Ehlebracht, Maurermeister, Restaurator im Handwerk, Fachkraft für Wärmedämmtechnik, Ausbilder im Handwerksbildungszentrum. Gudrun Ehlebracht, MTLA, Diplom-Sozialarbeiterin, verheiratet seit dem 24.02.1978.
Heute gehören zu unserer Familie drei wunderbare Kinder und ein Lieblingsschwiegersohn (wir haben nur eine Tochter)!

Dream-Team Dijon

Eigentlich war ich, Billy, auf der Flucht. Die meisten meiner Bekannten waren entweder bereits mit 20 Jahren verheiratet oder hatten zumindest einen festen Freund oder Freundin. Sogar meine eigene Schwester hatte sich mit 16 Jahren verlobt! Also wollte ich mit gerade 20 Jahren unbedingt weg von meiner Heimatstadt Belfast – andere Menschen kennenlernen und meine Beziehung zu Gott vertiefen. Ich hatte eine tiefe Sehnsucht, Gott zu dienen und möglichst viele Menschen mit ihm bekannt zu machen.

So ging ich im Juli 1975 auf einen Sommereinsatz mit OM (Operation Mobilisation) nach Frankreich. Bei der Vorbereitungskonferenz in Belgien trafen sich ca. 1 500 junge Menschen aus Europa, USA und Kanada, damit wir uns 4 Tage lang für unseren 3-wöchigen Gemeindeeinsatz in Frankreich und weiteren Ländern schulen lassen konnten.

Nach der ersten Plenumsveranstaltung ist ein sehr nettes Mädchen direkt an mir vorbeigelaufen. Von allen anderen ist sie mir dadurch aufgefallen, dass sie lange blonde Zöpfe trug. Sofort weckte sie mein Interesse.

Am nächsten Morgen stand ich – wie immer – um 06.00 Uhr auf und suchte eine ruhige Ecke im Freien, um zu beten und in der Bibel zu lesen. Kaum draußen angekommen, merkte ich, dass das Mädchen mit den Zöpfen unter einem Baum saß und bereits in ihre Bibel vertieft war. Aus der Entfernung nickten wir uns freundlich zu, hatten aber immer noch keinen direkten Kontakt miteinander.

Ein Team

Unsere erste direkte Begegnung folgte erst 2 Tage später, als sich herausstellte, dass wir aus den 1 500 Teilnehmern beide für das »Dijon-Team« mit ca. 100 anderen eingeteilt wurden. Die Teamsprache war Französisch und so brauchten wir einen Übersetzer für Englisch und Deutsch. Nachdem sich längere Zeit niemand gemeldet hatte, hat sich »pig-tails« für die Deutsch-Übersetzung mutig zur Verfügung gestellt. Sie hat sich ganz tapfer geschlagen, aber ich musste ihr öfters verschiedene Ausdrücke zuflüstern und ihr aushelfen. Nach kurzer Zeit hat sie mich dann direkt aufgefordert, nach vorne zu kommen und die Übersetzungsarbeit selbst zu übernehmen. So wurde ich für die nächsten 3 Wochen zum »Team-Übersetzer«!

Es folgte dann die Fahrt von Belgien zu unserem Einsatzort in Dijon, Frankreich, eine Reise von ca. 300 km. Billys VW-Bus hatte eine Panne und kam dann erst sehr spät am Abend in Dijon an. Die meisten Teammitglieder waren bereits im Bett, aber »pig-tails« und ein weiteres Mädchen waren aufgeblieben und hatten uns etwas zu essen gemacht. Das hat mich schon sehr beeindruckt.

Am ersten »Einsatztag« in Dijon wurden wir zuerst in 10 kleine »Arbeitsgruppen« aufgeteilt und – wie könnte es denn anders sein – Silvia und ich fanden uns mit 7 anderen Jugendlichen zusammen in der gleichen Gruppe. Vormittags haben wir als ganze Gruppe gemeinsam gebetet und Austausch gehabt und nachmittags sind wir in den kleinen Gruppen von Tür zu Tür gegangen und haben die Menschen für die Abendveranstaltungen in der Kirchengemeinde vor Ort eingeladen.
So hatten wir eine sehr intensive Zeit zusammen und konnten uns gegenseitig gut kennenlernen. In unserer Kleingruppe war ich der »Kassier«, da wir auch evangelistische Bücher am Nachmittag verkauften. Jeden Abend sammelte ich den »Tageserlös« von den einzelnen Teammitgliedern ein und regelmäßig hatte Silvia nur 2 oder 3 Francs »abzuliefern«. Dabei strahlte sie immer und sagte: »Ich habe

aber sehr gute Gespräche geführt.« Tatsächlich kam ein von ihr kontaktiertes junges Ehepaar zu den Veranstaltungen und traf auch eine Entscheidung für Jesus.
Das war sehr bewegend, besonders da wir zuerst an einem Abend von diesem Ehepaar abgewiesen wurden mit der Begründung, sie hätten niemand, der auf ihre Kinder aufpassen könnte. Silvia ließ sich nicht entmutigen und hat am nächsten Abend selbst den Babysitterdienst übernommen. Diese Beharrlichkeit und frohe Glaubenserwartung hat mich sehr beeindruckt und ich merkte mit jedem Tag, wie meine Gefühle wuchsen. Wir konnten auch ganz ungezwungen über alles Mögliche reden und hatten echt Spaß miteinander.

Dann kam leider der Abschiedstag – für uns viel zu früh, weil wir sehr gerne mehr Zeit miteinander verbracht hätten. Innerlich hatten wir aber etwas wie eine »innere Sicherheit«, dass wir füreinander bestimmt sind, obwohl wir in unterschiedlichen Ländern wohnten.

Alltag

Zuerst aber ging der Alltag für mich in Stuttgart weiter, wo ich im Rahmen meines Studiums der Betriebswirtschaft und Deutsch ein einjähriges Praktikum bei »Reader's Digest« absolvieren musste. Silvia hat noch einen Monatseinsatz bei OM in Paris gemacht.

Kaum eine Woche war vergangen, als ich zu meiner großen Überraschung ein sehr liebevoll zusammengestelltes Päckchen aus Frankreich erhielt. Jedes unserer 8 Gruppenmitglieder aus Dijon hat mir etwas Ermutigendes zum Beginn meines Auslandspraktikums geschrieben und mir alles Gute gewünscht. Dabei waren auch verschiedene Süßigkeiten und andere leckere Sachen. Es hat mich sehr bewegt, dass mein Team so sehr an mich dachte und mit mir verbunden war.
Beim Lesen der letzten Karte von einer Amerikanerin hat mein Herz einen Schlag ausgesetzt, als ich beim PS Folgendes las: »Für dieses

Päckchen kannst Du Dich 100 Mal bei Silvia bedanken, weil sie alles organisiert hat!« Das hat mich unendlich glücklich gemacht! Es war der Beginn einer Beziehung, die leider in den darauf folgenden 12 Monaten fast ausschließlich auf postalischem Weg gewachsen ist, da Silvia im Anschluss an ihren OM-Einsatz dann nach London gegangen ist, um ein Praktikum bei »Christian Literature Crusade« zu machen.

Es war eine sehr spannende, schöne Zeit, die von sehr viel Sehnsucht geprägt war.
Am 23. Dezember 1975 – also fast 5 Monate nach unserem Abschied aus Dijon – kam es endlich zu der nächsten persönlichen Begegnung. Ich war auf dem Weg nach Belfast, um Weihnachten mit meiner Familie zu verbringen und musste in London-Heathrow umsteigen. Obwohl ich nur eine Stunde Aufenthalt hatte, war Silvia durch ganz London gereist, um mich kurz sehen zu können. Das konnte ich kaum glauben und war danach auf »Wolke 7«.
Meine Mutter hat sich an diesem Weihnachtsfest sehr gewundert, dass ich stundenlange Telefongespräche auf Deutsch geführt habe!

Schweigejahr

Am Ende meines Praktikums in Stuttgart im August 1976 haben wir uns schweren Herzens entschieden, unseren Briefkontakt bis zum 1.08.1977 zu unterbrechen, damit unsere persönliche Beziehung nicht zu weit nur »auf Papier« fortschreiten sollte und wir auch Zeit haben wollten, uns auf ein sehr wichtiges Jahr zu konzentrieren: Für Billy ging es um seinen Abschluss in BWL und Deutsch einschl. Schlussexamen und Diplomarbeit – und für Silvia ging es um ein Jahr Bibelschule und um die wichtige Ausrichtung auf das, was Gott mit ihrem Leben vorhat.
Allerdings haben wir vereinbart, während dieses »Schweigejahrs« jeden Freitag zu fasten und füreinander und für unsere Familien zu beten. So gut es ging, haben wir einander innerlich »freigegeben«, um für Gottes Führung in unserem jeweiligen Leben offen zu sein.

So wurde dieses »Schweigejahr« für uns beide sehr gesegnet und am 1.08.1977 »kreuzten sich« unsere beiden Briefe in der Luft zwischen Irland und der Schweiz!
Ich hatte Silvia unter großer Anspannung geschrieben, dass ich ab September 1977 einen Jahreseinsatz mit OM in der Türkei machen würde. Nun war ich extrem gespannt, was Gott mit Silvia vorhaben würde.
Als ich dann Silvias Brief gelesen habe, flossen mir die Freudentränen übers Gesicht, denn sie hatte die Bibelschule nach einem Jahr abgeschlossen und sich auch für einen Jahreseinsatz mit OM entschieden! So haben wir uns wieder in Belgien auf der Vorbereitungskonferenz gesehen – dieses Mal aber für 2 Wochen. Bevor wir in unsere Einsatzländer aufgebrochen sind, haben wir uns verlobt und unsere Hochzeit für September 1978 ins Auge gefasst.

Dazwischen lagen aber fast 12 Monate, ca. 2 500 Kilometer zwischen Paris und Ankara und 160 Briefe, die uns nach 28 Ehejahren immer noch viel Freude bereiten.
Um darauf eingehen zu können, müssten wir ein Extrabuch schreiben!

Kurz gefasst können wir sagen: Gott hat uns zusammengeführt und er hält uns bis heute in Treue und Liebe zusammen. Von Anfang an wollten wir beide einen Partner, der eine tiefe Liebe zu Jesus und zu seinen Mitmenschen hat. Wir wollten beide einen Partner, auf den auch in schwierigen Zeiten Verlass ist, der offen und absolut ehrlich, treu und hingegeben ist. Jemand, mit dem man Bäume ausreißen und Spaß haben kann.
Wir sind zutiefst dankbar, dass wir jeweils beim anderen Partner diese Eigenschaften »im Kern« vorgefunden haben und dass wir noch gemeinsam fröhlich daran arbeiten, diese wichtigen »Kerne« zu einer reifen Frucht gedeihen zu lassen.
Für die Unterstützung unserer Familien und besonders unserer Freunde im Wohnhof & CVJM sind wir dabei besonders dankbar.

Silvia U. Fraser, geb. 1955 in Belp bei Bern. Mit 15 habe ich für 1 Jahr ein Mädcheninternat bei Vevey am Genfer See besucht, um meine Französischkenntnisse voranzubringen. Das Internat wurde von evangelischen Schwestern geführt und weckte mein Interesse für den Glauben. Zwei Jahre später habe ich dann in Bern nach einer Jugendevangelisation von »New Life« mein Leben Gott zur Verfügung gestellt. Seither erlebe ich seine Hilfe in meinem täglichen Leben. Seit unserer Eheschließung bin ich seelsorgerlich aktiv in unserer Lebensgemeinschaft und betreue gemeinsam mit meinem Mann immer wieder Menschen in verschiedenen inneren und äußeren Notsituationen. Seit 1994 arbeite ich auch im Unternehmen meines Mannes mit.

William J. Fraser, Betriebswirt (B.A. Hons.), geb.1955 in Belfast. Aktive Teilnahme bei den Pfadfindern ab 11 Jahren und dadurch Besuch der Schweiz im Juli 1972. Am 7.11.1971 erlebte ich nach einer Jugendevangelisation eine bewusste Umkehr zu Jesus und fing an, sämtliche Entscheidungen mit ihm abzustimmen.
Durch Gottes Gnade erhielten wir am 03.06.1989 unser lang ersehntes und erbetenes Kind Jonathan Daniel.
Gemeinsam mit meiner Frau und anderen Freunden waren wir Mitgründer des CVJM Steinenbronn im Jahr 1980 und der »Wohnhof Familiengemeinschaft, Leben mit Jesus gestalten e.V.« in Steinenbronn im Jahr 1985. Seither aktive Teilnahme am Gemeinschaftsleben. Selbstständiger Finanzberater bei Plansecur seit 1993.

Begegnung unterm Kreuz des Südens

Anno 1966

Sie (23 Jahre) lebt in Deutschland, hat gerade ihr Studium als Lehrerin abgeschlossen und stürzt sich in das große Abenteuer, wovon sie schon seit ihren Kinderjahren träumt: eine Reise auf einem Frachter – nach Südafrika.
Er (25 Jahre) lebt in Südafrika, hat Geologie studiert und arbeitet in der südafrikanischen *Karoo*-Gegend (Halbwüste) bei einer Ölbohrung.

Sie ist freidenkerisch, modern, neugierig, emanzipiert, extrovertiert und reiselustig, liebt Menschen, Musik, Kunst, Sprachen ...
Er ist strenggläubig, altmodisch, ruhig, introvertiert, sparsam, arbeitsam, zuverlässig, rücksichtsvoll und liebt die Natur und Bücher ...

Sie träumt von fernen Ländern und fremden Menschen, will ständig etwas Neues erleben, freut sich ihres Lebens und will ihre Jugend genießen.
Er ist zufrieden, wo er gerade ist, träumt eher vom eigenen Häuschen mit Garten und einer lieben, gläubigen Frau und spart eifrig dafür.

Sie landet nach einer vierwöchigen abenteuerlichen Seereise und einigen Umwegen (eine Geschichte für sich) bei ihrem Vetter, der 1950 nach Südafrika auswanderte. Er lebt seitdem mit seiner Familie in Paarl in der Nähe von Kapstadt. Dort verbringt sie zwei Monate und lernt das schöne Kap kennen (und letzlich auch ihn).
Er macht gerade einen kurzen Besuch am *Kap der Guten Hoffnung* – wegen eines Ersatzteils für den Bohrer (aus den USA), das in Kapstadt abgeholt werden soll, und ist am Sonntagmorgen beim Gottesdienst in Paarl.
Sie natürlich nicht. Sie schläft lieber aus.

Er wird zum Kaffee eingeladen von ihrem Vetter und Frau. Sie kennen ihn seit Jahren, sind ja in derselben Gemeinde.
Sie und **Er** lernen sich kennen.

Er versucht Deutsch zu sprechen. Das hat er auf der Schule nämlich als Unterrichtsfach gehabt.
Sie lacht sich schief über das komische Deutsch. Sie schalten recht bald auf Englisch um, sprechen u.a. über Musik (seine Mutter ist Musiklehrerin). Sie ist begeistert, erzählt, dass sie eigentlich Geige spielt. Er bietet an, ihr eine Geige zu holen bei seinem Onkel. Sie ist noch begeisterter und bald geht es mit dem *Largo* von Händel los. Er ist sehr beeindruckt. Verliebt auf den ersten Blick? Vielleicht?

Er macht sich nach dem Kaffeetrinken nützlich in der Küche, greift tatkräftig zum Abtrockentuch ...
Dann darf er noch eine kurze Autotour mit ihr in die nahe liegenden Berge machen. Der Vetter schickt seine kleine Tochter und deren Freundin vorsichtshalber (oder lieber anstandshalber?) mit.
Sie lernt seine Lieblingsstelle an einem rauschenden Gebirgswasser kennen und ihr gefällt die Art, wie er mit den Kindern umgeht.

Er hat nur ein paar Tage Zeit, bevor er zum Bohrer in die Karoo zurückmuss und lädt sie zu einem Ausflug nach Kapstadt ein. Unterwegs gibt er ihr gleich die erste Fahrstunde.
Sie darf sogar ein Auto überholen (und das bei Linksverkehr!).
Er ist in Kapstadt beim Einparken vor Aufregung so ungeschickt, dass es zu einer Beule (am Auto) kommt!!

Sie ist sehr beeindruckt, nicht so sehr von seinen Fahrkünsten, sondern von ihm und von Kapstadt. Besonders im Hafen und auf den Fischerbooten gefällt es ihr, und er macht die ersten Fotos von ihr. Verliebt? Er vielleicht, sie noch nicht.
Er ist völlig anders als alle jungen Männer, die sie bisher kennengelernt hat.

Er heißt Robert Hill und ist schon seit Jahren ein entschiedener Christ.
Sie ist gewarnt worden, dass er ein Frommer ist.

Sie heißt Beate Siepmann und ist noch auf der Suche nach der Wahrheit. Sie hält sich zwar selbst für eine Christin, ist aber eher eine evangelische Karteileiche.
Er ist gewarnt worden, dass sie alles andere als fromm ist.

Er ist das Älteste von fünf Kindern und sehr verantwortungsbewusst.
Sie ist ein etwas verwöhntes Einzelkind.

Er verliebt sich bis über beide Ohren (zum ersten Mal).
Sie weiß, dass er der Richtige ist. Wie sie das weiß? Schon mal was von weiblicher Intuition gehört?

Ziemlich ungleiches Pärchen?

Nun, er ist Afrikaner mit europäischen Wurzeln: Sein Großvater väterlicherseits war Ire, seine Großmutter von holländischer Herkunft, die Großeltern mütterlicherseits stammten von den Hugenotten ab, also französischer Herkunft.
Ihre Großmutter mütterlicherseits übrigens auch!
Vielleicht entdecken sie noch mehr Gemeinsamkeiten?

Sie lernt erst einmal Südafrika kennen und die wilde Schönheit spricht sie an, begeistert sie. Die Vielfalt von Landschaften, die Berge, die Ozeane, die Gebirgsbäche und Passstraßen, einsame Farmen, Sonnenuntergänge am Meer, das bunte Gewimmel der Hafenstadt Kapstadt, die Blumenpracht im Frühling an der Westküste, die Stille in der flachen Karoo, das Wild im Kruger Park, die verschiedensten Menschen in allen Farben und all die vielen Sprachen. Sie verliebt sich in das Land und würde am liebsten bleiben. Sie fängt an, Afrikaans zu lernen und fühlt sich zu Hause.

Aber sie muss zurück nach Deutschland wegen ihrer beruflichen Verpflichtung. Ihre erste Lehrerstelle verschlägt sie in ein kleines Eifeldörfchen, wo sie 24 Kinder vom ersten bis vierten Schuljahr unterrichtet, und wird gebeten, sonntags bei der katholischen Messe die Orgel zu spielen. So ist das eben in der Diaspora. Ansonsten gibt sie den beiden einzigen evangelischen Kindern Religionsunterricht und erzählt ihnen mit viel Fantasie Bibelgeschichten, die sie eigentlich selbst nicht glaubt. Im Erdkundeunterricht zeigt sie Dias aus Südafrika und die Kinder lernen erstaunlich viel von diesem aufregenden Land, auch wenn es nicht im Lehrplan steht.

Die beiden beginnen einen lebhaften Briefwechsel (zunächst in Englisch) und lernen sich auf diese Weise besser kennen. Sie lädt ihn nach Deutschland ein und er kommt. Er war noch nie zuvor in Europa und ist sprachlos vor Staunen. Er entdeckt seine Wurzeln. Sie reisen 3 Wochen lang durch Deutschland von Ostfriesland bis zum Titisee, von Trier bis Freiburg, machen einen Dreh um den Bodensee, besichtigen Dome und Kirchen, Museen und Schlösser, fahren auf Vater Rhein und besuchen zuletzt in Wuppertal Mutter Siepmann.

Am 1. April 1967, noch in Wuppertal, verloben sie sich spontan. Mutti Ellen erkennt, dass das kein Aprilscherz ist, dass es ihrer Tochter Ernst ist mit diesem Robert, den sie Robbie nennt und dem sie nach Südafrika folgen will.

Afrika ruft

Zur Verlobungsfeier kommen u.a. einige Neugierige und sind sichtlich enttäuscht, dass der Südafrikaner blaue Augen und blonde Haare hat. Als der Verlobte auch noch versichert, dass in Kapstadt keine Löwen durch die Straßen laufen, sind sie nicht mehr allzu sehr interessiert an weiteren Berichten.

Während einer kurzen Reise nach Holland bleibt ihr geliebter DKW

beim Kamener Kreuz stehen. Er sieht ein Dörfchen von der Autobahn aus und verschwindet in die Richtung, um Benzin zu holen. Sie wartet im Auto. Ein ADAC-Auto stoppt, ein freundlicher Mann fragt, ob er behilflich sein könne? Sie schaut auf ihren funkelnagelneuen Verlobungsring und meint zuversichtlich, ihr südafrikanischer Verlobter hole Benzin im nächsten Ort.
»Was«, sagt der Mann, »ein Verlobter aus Afrika? Der kommt bestimmt nicht wieder!« (Nun, sie hat in ihrem Leben noch oft auf ihn warten müssen, manchmal sogar ziemlich lange, wenn er auf geologischen Expeditionen in unwegsamen Gebieten war. Aber er ist immer wieder heil nach Hause gekommen. Gott sei Dank!)

Nun muss er erst wieder zurück nach Südafrika. Der Abschied fällt den beiden Verlobten sehr schwer.

Sie besucht ihn ein paar Monate später in Südafrika. Die beiden überlegen sich, wie sie das mit der Heirat am besten machen sollen, und vor allem: wann und wo?

Bei den Südafrikanern ist es Sitte, dass die Braut in ihrer Heimat heiratet, aber die Großfamilie Hill kann unmöglich nach Deutschland fliegen. Andererseits hat sie auch viele Verwandte und noch mehr Freunde, die nicht alle nach Südafrika kommen können. Also entscheiden sie sich für zwei Feiern: Die standesamtliche Trauung findet in Paarl, Südafrika, mit dem ganzen Hill-Clan im August 1967 statt. Die kirchliche Trauung am 2. Januar 1968 in Wuppertal in der Unterbarmer Hauptkirche mit Orgel und Orchester, Sektempfang, Essen und allem Drum und Dran. So sind alle zufrieden. Und aus dem *Frollein Siepmann* wird *Mrs Hill.* Er bekommt von ihren Schulkindern zum Abschied den Ehrennamen *uns Frollein sinne Ölscheich.*

Die Flitterwochen verbringen die Frischvermählten mit Sack und Pack (einschließlich Auto, Klavier, Geige, Standuhr und 500 Büchern) auf einem Frachter von Antwerpen nach Kapstadt. Damit wird für sie die endgültige Trennung von der alten Heimat im Januar 1968 vollzogen.

Das Öl wurde leider in der Karoo nie gefunden, aber dafür haben sich zwei junge Menschen unter dem Kreuz des Südens gefunden, die auf verschiedenen Kontinenten aufwuchsen und doch füreinander bestimmt waren. Das ist ein noch viel größeres Wunder, oder?

Epilog

Sie kam 1970 zum lebendigen Glauben an Jesus Christus (eine Geschichte für sich). Die Ehe wurde mit sechs Kindern (vier Jungen und zwei Mädchen) gesegnet. Eine Tochter wurde 1995 von einem Deutschen als Frau in die alte Heimat zurückgeholt – sozusagen als »Ersatz« oder »Entschädigung« für den »Verlust« von 1968. Zwei Söhne haben es dem Vater nachgemacht und sich Ehefrauen aus Europa »importiert« (jeweils aus Stuttgart und Basel).

Robert Hill wurde 1941 in Paarl, Südafrika, geboren. Seine Vorfahren wohnten schon seit mehreren Generationen im Land.
Beate (geborene Siepmann) kam 1943 in Wuppertal zur Welt, als die Stadt schon schwer unter Bombenangriffen litt. Ihre Ausbildung als Grundschullehrerin wurde in Bonn abgeschlossen.
Nach ihrer Hochzeit sind sie aus beruflichen Gründen mehrmals innerhalb von Südafrika umgezogen. Zwischendurch wohnten sie auch fünf Jahre in Windhuk (Namibia). Beate hat, außer Musikunterricht von zu Hause aus, noch von 1995 bis 1999 am Entstehen einer Zweigstelle der Deutschen Schule Kapstadt mitgearbeitet und dort die Gelegenheit gehabt, ein Zeuge von Jesu Liebe zu sein. Im Jahr 2002, nach Robbies Pensionierung, haben sie sich in Kleinmond, einem kleinen Küstenort etwa 100 km östlich von Kapstadt, mitten in einem Naturschutzgebiet niedergelassen. Hier beteiligen sie sich aktiv am Gemeindeleben, genießen Musik, Konzerte, Wandern, Naturbewahrung ... Ab und zu malt sie auch. Kleinmond und ihr geräumiges Haus, Hill's Song, sind auch zum beliebten Ferienziel für die elf Kinder (bzw. Schwiegerkinder) und (bisher) acht Enkelkinder, Verwandte und Freunde geworden.

Zwischen Kohlenpott und St. Pauli

Im Lauf unserer fast fünfzigjährigen Ehe sind wir oft gefragt worden, wie wir uns kennen- und lieben gelernt haben. Unsere Antwort lautete stets: *auf der Großen Freiheit in St. Pauli*. Sehr unterschiedlich waren die Reaktionen darauf – verblüfft, neugierig oder auch schockiert. Uns hat dies gewöhnlich amüsiert, kannten wir doch den wahren Hintergrund.

Es ist erstaunlich, dass offenbar auch die frömmsten Gemeindeglieder sich unter St. Pauli etwas vorstellen konnten, so etwas wie eine Mischung von Sodom und Babel.

So konnten wir uns an ihrer Erleichterung freuen, wenn sie dann erfuhren, dass junge Christen gerade dort Jesus Christus verkündigten und wir zu diesen Leuten gehörten.

Ingrid erzählt

Nach den ersten Semestern meines Studiums, die ich in der schönen kleinen Studentenstadt Marburg verbracht hatte, verschlug es mich zum Sommersemester 1955 in die große Stadt Hamburg. Gelockt hatte mich der Ruf einiger Professoren sowohl auf dem Gebiet der Theologie als auch in der Anglistik. Eine Gemeinde, die ich sonntags besuchte, fand sich schnell, nicht zu weit entfernt. Aber der Jugendkreis wirkte so mit sich beschäftigt, dass man von außen einfach keinen Zugang fand. Ich ging also auf die Suche und fand zwei ganz unterschiedliche Kreise, in denen ich mich heimisch fühlte. Das war zunächst der Studentenkreis, in dem ich ja auch in Marburg gut aufgehoben war. Jede Woche trafen wir uns in der Wohnung zweier Brüder zu gemütlichen Teeabenden zusammen. Dort wurden lange interessante Diskussionen geführt. Auf der anderen Seite fand ich eine Gruppe meist junger Menschen, die sich Sonntag für Sonntag abends auf St. Pauli zum Evangelisieren zusammenfand. Das Semester ging schnell dem Ende zu. Zehn Tage vor dem Ende machte ich mich auf die Fahrt zum »Golden Jubilee Congress« des Baptistischen Weltbunds nach London. Das mitzuerleben war etwas ganz Besonderes! Dann verbrachte ich noch weitere 14 Tage mit Freundinnen aus England in London. Danach ging es zu einem Schulpraktikum für zwei Monate nach Cardiff/Wales. Drei Tage hatte ich dann noch frei, um meinen Eltern nach diesem halben Jahr »Hallo« zu sagen, meine Sachen neu zu ordnen, bevor es wieder nach Hamburg ins neue Semester ging. In der Heimatgemeinde erzählte man mir, dass ein Seminarist, Manfred Kern, dort im Sommer zum Feriendienst gewesen sei und gab mir viele Grüße an ihn mit. Unser Pastor meinte, er gehöre zur selben Gemeinde, in der auch ich die Gottesdienste besuchte. Nach zwei oder drei Sonntagen zeigte mir jemand diesen Mann, ich richtete pflichtgemäß meine Grüße aus. Er grüßte mich von meinen Eltern, die wohl der Meinung gewesen waren, dass ich gar nicht mehr zwischendurch nach Hause kommen würde. Das war's! Studentenkreis und Missionsgruppe wurden wieder die vertrauten Kreise, in denen ich mitwirkte.

Manfred erzählt

In den Semesterferien des Sommers 1955 war ich zur Urlaubsvertretung in der Gemeinde Herne, gelegen im Herzen des Ruhrgebiets. Hier lernte ich meine späteren Schwiegereltern August und Friedel Fidora kennen. Sie hatten es übernommen, während des Urlaubs des Gemeindepredigers mich mit Mittagessen zu versorgen. Wir verstanden uns gut, und zum Abschied gaben sie mir persönliche Grüße an ihre Tochter Ingrid mit, die gerade in England weile, aber mit Beginn des neuen Studiensemesters zurück nach Hamburg käme.
Das Ehepaar Fidora hatte mir diesen Gruß völlig unbefangen aufgetragen und er wurde von mir ebenso ausgerichtet – völlig ohne weiteres Nachdenken über diese Begegnung.

Mit dem neuen Semester wurde ich von evangelistisch aktiven Mitbrüdern dringend gebeten, in der Missionsgruppe mitzuarbeiten, die jeden Sonntagabend in St. Pauli auf der »Großen Freiheit« evangelisierte.

Ingrid bemerkt dazu

Zu meiner großen Überraschung tauchte Manfred Kern, den ich, wie es damals noch so üblich war, natürlich mit Sie ansprach, auch in diesem Kreis auf. Schon eine komische Situation, zumal wir anderen uns alle duzten.

Manfred fährt fort

Das Erleben in der Missionsgruppe war schon eine tolle Sache, an die ich mich noch heute gern und dankbar erinnere und dies aus zwei Gründen.
Seit meiner Bekehrung lag mir die Evangelisation am Herzen. Ich war aus völlig unkirchlichen Kreisen durch zwei Evangelisationen zunächst in Kontakt mit Christen und dann zum persönlichen Glauben gekommen. Hier auf der »Großen Freiheit« bot sich nun eine außergewöhnliche Möglichkeit, mit fernstehenden Menschen ins Gespräch über Gott zu kommen. Unsere Missionsgruppe bestand aus 15-20 jungen Menschen aus den Hamburger Gemeinden, meist Studenten. Dazu kamen einige Leute, die im Lauf der Jahre durch die Mission in St. Pauli zum Glauben gekommen waren und eine Gruppe von vier bis fünf Studenten des Theologischen Seminars in Hamburg-Horn. Ein alter Stadtmissionar, der seit Jahrzehnten »im Milieu« Mission, Kinderstunden und Seelsorge betrieben hatte, war der geistliche Leiter unseres Kreises.
Auf einem damals noch freien, geräumten Trümmergrundstück an einer Straßenecke der »Großen Freiheit« bauten wir uns auf und sangen zur Gitarre laut und kräftig unsere Lieder. In kurzen Zeugnissen wiesen wir auf Jesus Christus hin und mischten uns dann unter die

zahlreichen Leute, die sich regelmäßig um unseren Kreis versammelt hatten. Auf der »Großen Freiheit« gibt es eine Kirche und eine Schule. In dieser Schule hatten wir einen größeren Klassenraum gemietet, in den wir zu einem evangelistischen Abend einluden.
Oft hatten wir so viel Besucher, dass wir als Mitarbeiter stehen mussten. Es gab regelmäßig seelsorgerliche Gespräche und ab und zu auch Bekehrungen.
Die St. Pauli-Gruppe sollte jedoch für mich schicksalhafte Bedeutung erlangen.
Nach den Versammlungen löste sich der Kreis der Mitarbeiter auf. Zwei verlobte Paare machten sich gemeinsam auf den Weg, andere gingen noch mit dem Stadtmissionar in die Lokale.
Übrig blieben meist drei Personen: Ingrid Fidora, ihre Freundin Ilse und Manfred Kern.
Unsere Unterhaltungen waren zunächst alles andere als romantisch. Besonders zwischen mir und Ingrid gab es viele Meinungsunterschiede. Ingrid, Studentin mit den Fächern Englisch, Sport und Theologie – der damalige Studentenwart Peter Dienel nannte sie die »englisch predigende Sportlehrerin« – hatte viele kritische Anfragen an Stil und Glaubensverständnis unserer Gemeinden. Ich, *damals* noch ein etwas bieder-baptistischer Seminarist, hielt oft dagegen.
Dieser Zustand änderte sich in den nächsten Wochen kaum. Was uns aber verband, war die gemeinsame Liebe zu den Menschen, denen wir hier auf St. Pauli begegneten.
So freuten wir uns an bewegenden Erfahrungen, wenn sich uns jungen Menschen andere mit ihren tiefsten Nöten und Lebensfragen anvertrauten und wünschten, dass wir mit ihnen beteten.
Wie sich herausstellte, hatte Gott aber noch mehr mit uns im Sinn.
Die Seminarleitung wachte zu dieser Zeit in einem umfassenden Sinn über das Wohl der ihnen anvertrauten Studenten. Sie wollte uns vor einer falschen Partnerwahl bewahren. Es mutet heute merkwürdig an, dass wir vor Studienbeginn versichern mussten, weder verlobt noch fest versprochen zu sein. Die Gemeinden, in die wir nach Studienabschluss vermittelt wurden, erwarteten aber in der Regel, dass

wir möglichst als verheiratete Pastoren unseren Dienst antreten. Diese Situation verstärkte unsere Gebete um die richtige Ehepartnerin.
In meinem Fall wurde dieses Gebet direkt während einer Evangelisationsversammlung im überfüllten Klassenzimmer in der »Großen Freiheit« erhört. Ich saß gedrängt unter den Zuhörern jedoch so, dass ich Ingrid die ganze Zeit im Auge hatte. Dabei sah ich sie wie zum ersten Mal und wusste, dass ich sie liebe.

Ingrid erzählt weiter

Im Verlauf der Wochen, in denen wir gemeinsam dort auf St. Pauli im Einsatz waren und noch mehr bei den Gesprächen auf dem Weg nach Hause wurde mir bewusst, dass Manfred mir nicht gleichgültig blieb. Liebe hätte ich es zu dem Zeitpunkt noch nicht genannt. Stand doch die Bindung an einen Menschen meinen Plänen, die ich meinte vor Gott getroffen zu haben, einfach im Weg. Mein Ziel nach der Ausbildung war, in die Mission zu gehen. Auch das Land, das mich lockte, war klar. Indien sollte meine nächste Heimat werden. Dazu passte es doch nun einfach nicht, wenn ich mich verliebte und dann noch in einen Mann, der voraussichtlich in die damalige DDR gehen wollte. Doch meine Gedanken gingen immer wieder hin und her. So fing ich an, um eine klare Antwort zu beten. Manfred wollte als Werkstudent nach Herne kommen. Es war zu dieser Zeit nicht mehr so ganz leicht, dort eingestellt zu werden. Ich betete darum, dass Gott das verhindern solle, wenn mein Weg wie geplant in die Mission gehen sollte. Aber es kam anders. Manfred bekam die Stelle als Werkstudent. Es lag somit nach Ende des Wintersemesters eine längere gemeinsame Zeit in meiner Heimat vor uns. Ja, mal sehen, was daraus wird, dachte ich nur.

Manfred erzählt weiter

Es folgten Monate jener heimlichen Liebe, die nach einem alten Volkslied und nun auch aus meiner Erfahrung so heiß wie Feuer brennt. Es waren Monate des Betens um Klarheit und auch um Mut,

Ingrid meine Liebe zu bekennen. Wieder hatte mich mein Weg nach Herne geführt. Vermittelt durch meinen späteren Schwiegervater, einen Steiger (Aufsichtsperson im Bergbau) in leitender Stellung, hatte ich für die Semesterferien den Arbeitsplatz als Werkstudent unter Tage bekommen.

So geschah es, dass ich Ingrid meine Liebe gestehen konnte – auf einer Hauptstraße mitten im Lärm einer Ruhrmetropole. Ihre Antwort war kurz und beglückend für mich: «Ich liebe dich auch.« Da wurde es im damals so schwarzen Ruhrgebiet in mir strahlend hell.

Unmittelbar nach meiner Liebeserklärung musste ich Ingrid sagen, dass ich einen Dienst in einer Gemeinde in der damaligen DDR beginnen würde. Dort hatte ich meine Berufung erfahren, dort hatte ich intensiv Kinder- und Jugendarbeit getan und dort herrschte ein großer Mangel an ausgebildeten Pastoren. Ihre Antwort war: »Dann ist das auch mein Weg.«

Ingrid bemerkt

In meinen Überlegungen über meine eigenen Pläne und mit Manfreds Weg hatte ich mich bereits damit auseinandergesetzt, wie ein gemeinsamer Weg aussehen konnte.

Manfred fügt hinzu

Der Preis für diese Entscheidung der Liebe für Ingrid war hoch. Die damalige DDR mit ihrer Weltanschauung und Lebensbedingungen war für sie eine fremde Welt. Als Pastorenfrau war es für sie zudem damals unmöglich, ihren Beruf als Lehrerin auszuüben. Zugleich bedeutete es für viele Jahre Trennung von Verwandten und Freunden.

Nach fast 50 Jahren können wir bekennen, dass sich unser Trauspruch bewahrheitet hat: *Gehe aus deinem Vaterland und aus deiner Verwandtschaft in ein Land, das ich dir zeigen will. ... Ich will dich segnen ... und du sollst ein Segen sein.*

Dankbar schauen wir zurück auf gemeinsame Dienste, sowohl in drei großartigen Gemeinden als auch in der nationalen und weltweiten Allianzbewegung.

Ingrid und Manfred Kern, Eheschließung am 17.08.1957. Vier Söhne, neun Enkel. Urlaub mit Enkelkindern. Lesen. Mitarbeit in Gemeindegruppen. Gemeindedienst in deutschsprachiger Gemeinde in Spanien.

Das ist vom Herrn geschehen

Debbie

Roger und ich waren zweieinhalb Jahre zusammen und wollten in die Mission. Aber warum hatte ich dieses komische Gefühl im Magen?

»Wenn Roger nicht der Richtige ist, kannst du mir dann bitte jemand schicken, für den ich sowohl tiefe Liebe als auch Respekt empfinde? Ich will wissen, dass da draußen so jemand für mich sein könnte. Dann beende ich die Beziehung mit Roger.«

Ich war im dritten Jahr meiner Bibelschulzeit, als ich anfing so zu beten. Unsere Pantomimegruppe – wir waren 5 Personen – wurde an Wochenenden zu Missionseinsätzen in verschiedene Kirchen und Schulen eingeladen. Teamleiter Todd Kramlich war sehr geduldig und nett zu allen im Team und ich respektierte ihn.

Anfang April waren wir in einer Gemeinde in Orlando, Florida. Am Samstag hatten wir freie Zeit und ich schlug vor, gemeinsam zu Disney World zu fahren.

Der Samstag war wundervoll, wir hatten Riesenspaß. Gegen 17.30 Uhr fragte Todd jeden Einzelnen, was wir abends essen wollten. Ich unterbrach ihn und sagte: »Todd, lass uns essen, was du heute willst. Du machst immer das, was alle anderen wollen.« Todd schaute mich an, berührte kurz meine Schulter mit seiner Hand: »Danke, Deb.« In diesem Moment verliebte ich mich Hals über Kopf in ihn. Den ganzen Abend hatte ich das Gefühl, durch den Erlebnispark zu schweben, schwebte auch den ganzen Weg zurück nach Columbia, South Carolina, wo das Bible College war. Hoffnungslos verliebt!

Am Montag rief ich meine beste Freundin an und erzählte ihr, was passiert war. Sie ermutigte mich, die Beziehung zu Roger zu beenden. Ich rief ihn am gleichen Abend an und machte Schluss.

Todd

Wir – einige Studenten – saßen bei Ed und Vicky Germann, Mitglieder der Fakultät des Columbia Bible College, gemütlich zusammen. Ed hatte Fragen vorbereitet, die wir einfach an jemanden in der Runde richten durften. Ich lehnte mich gerade bequem in meinen Stuhl zurück, als eine Stimme sagte: »Todd, was ist deine größte Angst?« Ausgerechnet diese Frage! Jede andere Frage wäre in Ordnung gewesen, aber nicht diese. Das Mädchen fügte noch hinzu: »Todd, keine Ausflüchte, sag uns, was deine größte Angst ist.« Sie hatte mich erwischt. Ich ließ mein Herz sprechen: »In ungefähr drei Monaten geht mein Studium hier zu Ende. Meine größte Angst ist, dass mich bis dahin niemand wirklich kennengelernt hat. Ich habe Angst, mich zu öffnen, ich selbst zu sein, wenn ich mit anderen zusammen bin und ich kann mich nicht verletzbar machen.« Es wurde still im Raum. Das Mädchen, das mich so in Bedrängnis gebracht hatte, schaute zu Boden. Ich konnte nicht ahnen, dass ich dieses Mädchen eines Tages heiraten würde.

Ich war schwierig, hatte Panik vor tiefen Freundschaften, hielt sie auf Kumpelebene. Es gab auch Mädchen, die ich mochte, aber ich war an einer Beziehung nicht interessiert, weil ich mich nicht verletzbar machen wollte. Ich war jetzt 24 Jahre alt und es gab niemanden, der mich wirklich kannte. Ich bedauerte das zwar, aber meine Angst machte es mir unmöglich, daran etwas zu ändern.

Debbie

Eine Woche später war ich bei Ed und Vicky Germann. Sie waren quasi meine Ersatzeltern während der Bibelschulzeit und ich hütete öfters ihre Kinder. Überrascht davon, dass ich mit Roger Schluss gemacht hatte, fragte mich Vicky, ob es einen anderen gäbe. Sie sollte raten, nannte Todd als Erstes und ich gab zu, dass ich mich in ihn verliebt hatte. Ed meinte: »Es wäre schade, wenn Todd seinen Abschluss macht und das College verlässt, ohne dass er weiß, was du fühlst. Sag es ihm.« Ich war total überrascht, dass Ed so darauf bestand.

Ich fing wieder an zu beten. Gerade hatte ich »Wahre Liebe« von Elisabeth Elliot gelesen. Sie spricht sich sehr deutlich dagegen aus, dass

Frauen den ersten Schritt machen. Nun hatte ich einerseits Elliots Meinung und andererseits die von Ed, der Dinge nicht auf die leichte Schulter nahm. Elliots Buch war nicht die Bibel. Was wollte Gott? Mir wurde mehr und mehr klar, Todd meine Gefühle gestehen zu müssen – aber ihn nicht zu fragen, ob er mit mir zusammen sein will.

Todd

Unsere Studentenklasse war zu einem Abschlusswochenende in einem Haus am Strand in North Carolina noch einmal zusammen, bevor jeder seine eigenen Wege ging.

Debbie Samworth kam auf mich zu. Sie war ein nettes Mädchen, aber ich war nicht an ihr interessiert. Sie fragte mich, ob sie mit mir reden könne. Am Strand redeten wir ungefähr eine Viertelstunde, aber irgendwie schien das Gespräch nirgendwo hinzuführen, also fragte ich, über was sie mit mir eigentlich sprechen wollte. Sie wurde sehr ruhig und sagte: »Kommt noch.« Nach ein paar Minuten blieb sie plötzlich stehen und sagte: »Ich kann das nicht«, ließ mich alleine und ging zurück zum Haus. Was jetzt? Nach ungefähr 10 Minuten hörte ich Schritte hinter mir und Debbie sagte: »O.k., Todd, wir müssen reden. Willst du dich hinsetzen oder stehen bleiben?« Sie machte einen sehr geschäftlichen Eindruck, also ließ ich sie entscheiden. Wir fanden einen schönen Platz auf einer Sanddüne. Sie erklärte mir, dass sie das alles nur sagte, weil sie das Gefühl hat, dass Gott es von ihr wollte, und außerdem hätte sie Ed Germann dazu ermutigt. Sie nannte noch ungefähr zehn andere Gründe, bevor sie endlich herausbrachte: »Ich denke, du bist wundervoll und ich mag dich sehr.« Ich antwortete: »Fühlst du dich jetzt besser? Darf ich auch etwas sagen?«

Ich erklärte ihr, dass ich tun will, was Gott möchte und erst einmal darüber beten muss. Wir redeten noch ein bisschen und gingen zurück zum Haus.

Ich nahm mir eine Woche Zeit zum Gebet. Eine Beziehung hat für mich als Ziel die Ehe. Ich betete, ob ich Debbie heiraten könnte. Den Ausdruck »Zusammen sein« mag ich nicht, weil das Ziel Ehe darin nicht definiert ist. Nach einer Woche fragte ich sie, ob sie sich vorstellen könnte, eine Beziehung mit mir aufzubauen.

Debbie
Über das Wochenende war Todd weg und als er wiederkam, spürte ich sofort, dass etwas anders war. Er war sehr schweigsam, unnahbar und mied den Kontakt mit mir.

Todd
Es war meine erste Beziehung. Ich hatte Angst, abgelehnt zu werden, wenn mich jemand wirklich kennenlernte. Als ich von dem Wochenende zurückkam, tat ich das, was ich kannte, um mit der Situation klarzukommen: Ich redete nicht mehr mit ihr.

Debbie
Das ging so bis Freitag. Ich war frustriert. Freitag war sein Geburtstag und ich hatte ihm einen Kuchen gebacken. Im Computerraum traf ich Todd und fragte, was eigentlich jetzt mit uns sei. Er erklärte, er müsse noch mal über die Sache beten. Er sei sich nicht mehr sicher, ob Gott wirklich möchte, dass wir zusammen sind. Wir trafen uns am Abend zum Reden.
Er erzählte, er habe keinen Frieden über unsere Beziehung und es sei besser, alles zu beenden. Ich wollte ehrlich mit ihm sein und sagte, dass ich nicht glaube, dass Gott seine Meinung geändert hätte. Aber er, Todd, würde wegrennen weil er Angst habe. »Ich denke, dass Gott mich in dein Leben gebracht hat, um dir zu helfen, dich anderen gegenüber zu öffnen.« Todd wollte wissen, ob ich fertig sei, stand auf und ging.
Ich war am Boden zerstört. Was konnte ich tun? Nichts! Nur beten und den Rest Gott überlassen. Ich betete: »Gott, wenn Todd die falsche Entscheidung getroffen hat, dann gib, dass er sich hundeelend fühlt.«

Todd
Debbie war aus meinem Leben verschwunden, meine Angst auch. Ich fühlte mich super! Ich erzählte ihr das. Viel später erfuhr ich, wie sehr sie das verletzte.

Drei Tage nachdem ich mit Debbie Schluss gemacht hatte, fand eine Andacht statt, die von einem Freund von mir gehalten wurde. Jeder Abschlussstudent muss eine 30-minütige Predigt vor seinen Mitstudenten halten. Mike Thompson, mein Freund, begann seine Predigt mit folgenden Worten: »Heute werde ich darüber sprechen, warum wir nicht Frieden als Indikator für Gottes Willen benutzen sollten. Oft fordert Gott von uns Dinge, die hart sind und uns Angst machen und darüber werden wir keinen Frieden haben. Aber wir dürfen wissen, dass Gott uns unterstützt und durchträgt.« Als ich das hörte, fand ich es erst ziemlich lächerlich, aber nach ein paar Minuten merkte ich, dass Gott mich persönlich meinte. Meine Angst kam zurück. Ich hatte Angst, dass Gott wollte, dass ich wieder mit Debbie zusammenkam.
Am nächsten Tag behandelte unsere Professorin Mose, wie er Ausrede für Ausrede sucht, um nicht das tun zu müssen, was Gott wollte. Gott räumte alle Ausreden aus dem Weg, bis Mose keine andere Wahl hatte, als Gott zu gehorchen. Ich sah Parallelen zwischen Mose und mir. Hatte ich richtig gehandelt?
In der Bücherei traf ich Mark. Er fragte: »Wie läuft's mit Debbie?«
»Es hat nicht funktioniert.«
»Was ist los mit dir? Hast du Angst?«
In diesem Moment kam Debbie herein, Mark rief sie zu uns her, dann ging er und ließ uns allein zurück. Ich bat sie, mit mir zu reden.
Wir waren wieder zusammen.
Eine Woche später kam die Angst unkontrollierbar zurück. Ich machte wieder Schluss und fühlte mich nicht besser.

Debbie
Ich ging völlig verwirrt in mein Zimmer zurück. Wie konnte Gott das zulassen?

Todd
Ich wollte Ed anrufen, wusste aber, was er sagen würde: »Du rennst nie von der ersten Station zur Basis zurück. Du rennst zur zweiten Station. Geh vorwärts.«

Später sah ich Debbie: »Ich kann dir im Moment nichts geben, aber können wir gemeinsam vorwärtsgehen?« Wir beteten miteinander.

Debbie

Vier Tage später flog Todd nach Seattle/Washington. Er hatte sein Diplom in der Tasche. Ich wusste nicht, ob ich ihn jemals wiedersehen würde, aber er versprach, mir zu schreiben.

Ein Vers wurde mir in meiner Stillen Zeit zur Ermutigung (Psalm 118,23): »Das ist vom Herrn geschehen und ein Wunder vor unsern Augen.« Ich nahm es als Gottes Versprechen. Wenn es für Todd und mich eine Zukunft gab, dann musste der Herr wirken.

Nach zwei Wochen kam ein Brief von Todd mit einem Scheck über 150 Dollar und der Einladung, ihn im August zu besuchen.

Nach weiteren zwei Wochen rief Todd mich an.

Todd

Ich fragte sie: »Wie wär's, wenn wir Pläne machen? Was sagst du dazu, mich zu heiraten?«

Sie war bereit, aber ich sollte erst ihre Eltern kennenlernen, bevor es offiziell wurde. Ich fragte sie nach ihrer Ringgröße.

Am nächsten Tag konnte ich nicht glauben, was ich getan hatte. Die Angst kam wieder und ich schrieb und telefonierte die nächsten 2 Monate nicht mehr. Sie schrieb mir trotzdem täglich, traute sich aber nicht, über die Verlobung zu sprechen.

Als sie mich besuchte, erwartete ich sie mit einer Rose und versprach ihr, unsere Beziehung niemals mehr aus Angst zu beenden.

Es gab weiterhin Tage, an denen ich aufwachte, in den Spiegel schaute und dachte: »Du hast eine Freundin. Ja, genau du!« An solch einem Tag kaufte ich den Ring. Aber dann kamen die anderen Tage, an denen ich panisch aufwachte, weil Debbie in meinem Leben war, obwohl sie 5000 km weit weg wohnte.

Weihnachten war ich bei ihrer Familie eingeladen. Eine gute Gelegenheit, mit ihren Eltern zu reden und ihr einen Antrag zu machen. Dort angekommen, brach wieder Panik in mir aus.

Debbie

Todd war an Weihnachten still, launisch, zurückgezogen. An Heiligabend sagte er zweimal zu mir, er habe den Eindruck, Gott möchte, dass er Single bleibt. Wir riefen Ed Germann an. Er klang hoffnungslos. Sollte ich mir weiterhin diese Achterbahn zumuten?

Meine Familie hatte Geschenke für ihn, auch er hatte für jeden etwas mitgebracht. Für mich hätte er etwas Besonderes, erwähnte er. Er würde es mir später geben. Also wartete ich geduldig.

Die restlichen Tage liefen so dahin und beim Abschied am 2. Januar sagte er: »Oh, ich hab dein Weihnachtsgeschenk vergessen. Hier sind 40 Dollar für Lehrbücher, die du brauchst.«

Das also war das besondere Geschenk!?

Todd

Den Ring nahm ich wieder mit. Debbie war wieder am College und wir telefonierten einmal pro Woche. Ich wusste nicht, was ich mit der Beziehung machen sollte.

Aber ich wurde ehrlich zu mir: »Ich lasse nur die Zeit verstreichen und hoffe, dass Gott mich eines Tages gehen lässt, sodass ich mein Leben ohne Debbie leben kann.« Ich betete. Nach 20 Minuten war mir klar, ich soll den nächsten Schritt gehen. Ich rief Debbies Vater sofort an, bat um ihre Hand und er sagte: »Wir wussten, dass das passiert.« Gott muss sie auf diesen Anruf vorbereitet haben, denn alles, was sie bisher von mir kennengelernt hatten, war mein seltsames Verhalten an Weihnachten.

Debbie

Als das Ende meiner Unterrichtszeit nahte, beschlossen wir, dass ich Todd am 13.03.1990 wieder in Washington besuche.

Er holte mich am Flughafen ab und bat mich, den Kofferraum zu öffnen, damit wir mein Gepäck verstauen könnten. Als ich die Klappe öffnete, war der ganze Kofferraum gefüllt mit Geschenken und einer kleinen Schachtel mit einem Verlobungsring. Todd fragte: »Debbie, willst du mich heiraten?« Vor Überraschung sagte ich: »Oh nein.«

Ich konnte nicht glauben, was gerade passierte. Meine zweite Antwort war »Ja« und dann küsste mich Todd zum ersten Mal.

Todd

Mit der Entscheidung für Debbie war meine Angst für immer verflogen. Ein Bibelvers war mir eine große Ermutigung (2. Timotheus 1,7): »Denn Gott hat uns nicht gegeben den Geist der Furcht, sondern der Kraft und der Liebe und der Besonnenheit.«
Ich lernte, dass Gott nicht Furcht benutzt, um uns zu führen, sondern dass der Feind die Angst benutzt, um uns zu lähmen. Ich musste meinen Verstand trainieren, dem zu folgen, was Gott wollte, und nicht zuzulassen, dass meine Gefühle meine Entscheidungen und Taten bestimmen.

Deborah und Todd Kramlich, seit 15 Jahren verheiratet, 5 Kinder, erwarten gerade ihr 6. Kind. Todd ist Rektor der Fackelträger-Bibelschule in Holsby Brunn, Schweden. Die Kämpfe waren hart, aber wir haben ein tiefes Fundament bekommen. Die größte Lektion, die ich, Debbie, gelernt habe: Gott die Beziehung abgeben. Er hat uns zusammengehalten. Es ist ein Segen, mit Todd verheiratet zu sein.

Eine zweite Chance

Ich (Susanne Lang) habe mit 23 Jahren geheiratet und bekam mit 24 mein erstes Kind – ein Wunschkind. Ich war mit einem Chirurgen verheiratet, der, wie sollte es auch anders in dieser Berufsgruppe sein, ständig arbeitsbedingt abwesend war.

Ich fühlte mich sehr einsam und allein mit meinem kleinen Sohn. Unsere Ehe erwies sich immer mehr als schwierig, auch bedingt durch die ständige Abwesenheit meines damaligen Mannes. Zu meinem Leidwesen war er ein Einzelgänger und bevorzugte es, seine Freizeit mit Sportarten zu füllen, bei denen ich auch keinen Platz hatte. Das verletzte mich sehr. Ich bekehrte mich damals 1989 während meiner Ehe und er stand dem Ganzen sehr neutral entgegen. Solange mir meine »Religion« guttat, wäre das doch gut für mich. Er selbst hingegen wollte von Gott nichts wissen. Als Arzt befand er sich im Krankenhaus immer einer Hierarchie ausgesetzt. Er litt furchtbar unter dem Druck, der ihm auferlegt wurde, und konnte mit diesem Leben nicht gut umgehen. Depressionen waren an der Tagesordnung. Er war vom Typ her eher ein fröhlicher und sympathischer Mensch, doch seine Kindheit unter der strengen militanten Erziehung seines Vaters und der zwar liebevollen, aber sehr unterwürfigen Mutter prägten sein Wesen. Auf die Frage, weshalb er sich für den Beruf des Chirurgen entschieden hatte, antwortete er: »Weil man in der Gesellschaft die höchste Anerkennung in diesem Beruf bekommt.« Dementsprechend wollte er durch Leistung auch seinem Vater gefallen und versprach sich endlich die bedingungslose Liebe. – Vergeblich! Sich in dieser Situation befindend, lebte er von einem Tag zum anderen. Oft kam von ihm der Ausspruch: »Am liebsten würde ich in die Kiste springen.« Oder: »Ich habe keine Lust mehr.« Leider hat er diese Aussagen zu oft benutzt.

Als wir kurz vor unserem 5. Hochzeitstag standen, verunglückte er mit einem Hubschrauber in seinen Ferien tödlich. In seiner wenigen Freizeit flog er als begleitender Notarzt in diesem Hubschrauber mit, um sich nebenbei noch Geld zu verdienen. Sein Lohn war seinem täglichen Einsatz nie gerecht. Ich befand mich wenige Wochen vor meinem 30. Geburtstag und war mit unserem gemeinsamen zweiten Kind im 8. Monat schwanger, als ich durch einen Piloten der Fluggesellschaft die Nachricht erhielt, dass mein Mann bei einem Einsatz tödlich verunglückt sei. Mir wurde förmlich der Erdboden unter den Füßen weggezogen.

Ich muss noch hinzufügen, dass Gott mich auf dieses Ereignis vorbereitet hatte. Es begaben sich einige Wochen vorher Begebenheiten innerhalb der Familie und im Freundeskreis, die mich sehr nachdenklich machten und mich dazu brachten, mich gedanklich mit dem möglichen Tod meines Mannes auseinanderzusetzen. Ich überlegte mir viele Details, die ich beim Tod meines Mannes angehen würde. – Im Nachhinein habe ich alles so ausgeführt, wie ich es mir vorher überlegt hatte. Ich dachte früher immer, wenn mir mal etwas Schlimmes passieren würde, dann würde ich vom Glauben abfallen. Was ist das für ein Gott, der so etwas zulässt bzw. mir so etwas antut? – Das ganze Gegenteil war der Fall, ich rutschte immer näher an Gott heran. Ich habe zu Gott gesagt, dass er mir das Ganze erklären muss, ansonsten würde ich in die Irrenanstalt gehen. Ungefähr 8 Wochen später hatte ich ein Gespräch mit einer Frau aus meiner damaligen Gemeinde. Wir sprachen über all diese Dinge und sie sagte mir ganz deutlich, dass mein Mann durch sein Verhalten den Tod eingeladen hatte. Auf einmal war mir das ganz klar. Wie es auch in der Bibel steht: »Achte auf deine Zunge, sie ist wie ein Ruder ...« Das, was wir aussprechen, hat eben Kraft und Macht über uns. Ob es etwas Negatives ist oder ob es Gottes Wort ist! Wir sind verantwortlich und können vieles steuern. Nun war ich mit zwei kleinen Kindern (4 Jahre alt und ein Neugeborenes) allein. Ich habe mich so verlassen gefühlt und konnte mir keine gute Zukunft vorstellen. Leider waren in meiner damaligen Gemeinde auch keine ausgebildeten Menschen, die mir Trauerhilfe hätte geben können. Das wird in den meisten Gemeinden sehr vernachlässigt.

Aber es ist so wichtig! Man sollte Menschen dafür professionell ausbilden und in die Gemeinden aussenden.

Ich betete fast täglich für einen neuen Mann und Vater für meine Kinder (5 Jahre lang). Ich hatte diesmal auch ganz genaue Vorstellungen und Wünsche, was mir bei meinem neuen Mann wichtig wäre. U. a. war es ein Wunsch von mir, dass mein Zukünftiger musikalisch sei. Ich selbst habe eine Ausrichtung für Anbetung und wollte jemanden, mit dem ich das teilen konnte. – Dass mir Gott nun gleich einen Musiker vor die Füße stellte, damit habe ich nicht gerechnet. Martin Pepper gab in meiner damaligen Gemeinde am 9. November ein Konzert, zu dem ich eigentlich keine Lust hatte. Meine Freundin überredete mich dazu und so ging ich eben mit. An diesem Abend begegnete ich Uwe, der vom Äußeren gar nicht meinen Vorstellungen entsprach. Nach dem Konzert ging ich mit meiner Freundin in ein nahe gelegenes Restaurant, in dem ich Uwe und seinen Musikkollegen begegnete. Wir kamen sofort ins Gespräch und ich merkte, dass Uwe etwas ganz anderes ausstrahlte, als sein äußeres Erscheinungsbild vorgab. Er gab mir an diesem Abend seine Visitenkarte und wir verabredeten uns 2 Wochen später zum Essen. Unsere Telefonate wurden sehr schnell vertrauter und ich konnte seine Herzenswärme spüren. Ich bekam hierdurch Einblick in sein wirkliches Ich. Alles andere war halt nur Show (lange Haare, Lederklamotten).

Wir verliebten uns ineinander und ich hielt an meinen Vorsätzen fest. Mir war es absolut wichtig, Uwe klarzumachen, dass ich nur einen Mann haben will, dem Gott genauso wichtig ist, wie er mir. Uwe war sehr offen und sein Weg mit Gott nahm ziemlich rasant seinen Lauf. Wirklich schön dabei ist, dass er das nie mir zuliebe getan hat, sondern weil er Gottes Wirken real erlebt hat. Gemeinsam hat Gott uns geführt und gesegnet.
Voraussetzung dafür war natürlich, dass wir für Gottes Führung offen waren und es immer noch sind. Das Leben auf Gott auszurichten, ist superspannend und abenteuerlich. Es ist nicht immer

leicht, Spannungen auszuhalten, doch Gott hält uns in seiner Hand und tut nichts, was wir nicht leisten könnten.
Allein, dass wir jetzt in Schleswig-Holstein leben dürfen, ist reine Gnade und ein Geschenk vom Herrn. Dafür haben wir mehrere Jahre gebetet. Unsere Erfahrung ist: Gott kommt zwar immer spät, doch nie zu spät. Als ich noch für meinen neuen Mann gebetet hatte, war es mir ein großes Anliegen, mit ihm gemeinsam für Gottes Reich zu dienen. In meinen Vorstellungen damals wünschte ich mir einen Geschäftsmann, mit dem ich evangelistisch tätig sein könnte. Gott hat echt Humor, am Anfang war Uwe ein Musiker, ein Künstler. Nach einigen Jahren hat er ihn zum Geschäftsmann gemacht, ohne ihn in seiner künstlerischen Begabung zu verdrehen. Das ist toll. Er hat geplant und geformt wie ein Tonmeister und holt dabei immer das Beste aus uns heraus – sofern wir es zulassen. Somit bekam Uwe eine Familie mit 2 Kindern geschenkt und ich einen neuen Vater für meine Kinder und einen Mann für's Leben!

Susanne Lang, geb. 1962 in Berlin, 3 Kinder, gelernte Renogehilfin, nun Hausfrau und Mutter.
Uwe Klapdor, geb. 1957 in Leer/Ostfriesland, Komponist und Musikproduzent.

»Love, Love me do, you know I love you ...«

Ich weiß nicht, wie oft ich unsere Geschichte schon erzählt habe. Hundert Mal, zweihundert Mal? Wann immer ich Leute treffe bzw. neue Menschen kennenlerne, kommt es irgendwann zu dem Punkt, an dem mein Gegenüber mich fragt: »Sag mal, wie habt ihr euch eigentlich kennengelernt?« Wenn meine Frau dabei ist, dann meine ich manchmal aus meinem Augenwinkel bei ihr ein gewisses Rollen mit den Augen erkennen zu können, denn sie hat mich diese Geschichte schon so oft erzählen hören.

In unserem Fall ist das aber auch schwierig. Wenn man es nämlich kurz macht, führt es meist zu Missverständnissen. Denn wir haben uns im Internet kennengelernt.

Halt! Ich weiß jetzt, was Sie denken mögen. »Da hat er seine Frau also in einer Kontaktbörse im Internet getroffen. Vielleicht bei ›Club-der-einsamen-Herzen.de‹ oder ›Fisch-sucht-Fahrrad.de‹«? Nein, ganz so war es eben nicht. Eigentlich überhaupt nicht so. Es war nämlich ganz anders.

Liverpool und Beatles

Stellen wir uns eine unwirtliche Hafenstadt in England vor. Backstein-Reihenhäuser säumen in scheinbar endlosen Straßenzügen das Bild. Nieselregen und das Geschrei von Möwen runden das Szenario ab und wenn man zu Fuß die oft leeren Straßen entlanggeht, dann wird man nur hin und wieder vom Getöse der Dieselmotoren aufgeschreckt, mit denen die altersschwachen Doppeldeckerbusse durch die Straßen brausen. Es ist April. Ein Monat, der diese ohnehin schon deprimierende Szenerie noch deprimierender erscheinen lässt. Aber ich liebe diese Stadt. Es ist Liverpool, die Heimat der Beatles, des Merseybeat und des Welthits »Ferry Cross The Mersey«, der

unten am Hafen den ganzen Tag gedudelt wird. Eine traumhafte Umgebung für einen angehenden Musikwissenschaftler, der an der University of Liverpool seinem Studium ein – hoffentlich erfolgreiches – Ende setzen möchte.
Doch an diesem Aprilmorgen habe ich ein Problem. Für meine Magisterarbeit benötige ich empirische Daten, also Ergebnisse, die durch Befragungen gewonnen werden. Doch die Frage, wie ich diese beschaffen kann, stellt eine große Herausforderung dar. Denn ich habe die Auflage erhalten, dass diese Daten nicht nur aus Liverpool stammen sollten und schon gar nicht nur durch Befragung meiner Kommilitonen gewonnen werden dürften. Was also tun, wenn man an der Malaise vieler Studenten leidet: chronische Geldknappheit! Eigentlich bin ich zu diesem Zeitpunkt völlig abgebrannt und somit ist an eine Reise durch England zur Gewinnung der Daten gar nicht zu denken. Auch umständliche Versandaktionen scheiden aus.
Bleibt nur dieses tolle neue Medium: das Internet! Also mache ich mich daran, einen Fragebogen zu entwickeln und diesen in den folgenden Tagen an diverse Adressen zu senden, die ich in einem ausgeklügelten Verfahren generiert habe. Heute nennt man ein solches Vorgehen im Übrigen »Spam« und das ist strafbar. Aber 1998 steckt vieles noch in den Kinderschuhen und so stellen sich schon wenige Tage nach meiner Aktion die ersten Erfolge ein. Bereits nach vier Tagen haben mehr als fünfzig Personen meine Fragen beantwortet. Darunter sind Menschen aus aller Welt. Aus Kanada, den USA, England, Deutschland, Australien, Korea, Japan und Italien. Letzteres glaubte ich zumindest. Denn eine der ersten Rückantworten stammt von einer gewissen Gabriela Romero und die ist mit Sicherheit Italienerin. Mit vielen beginne ich in den folgenden Tagen und Wochen einen regen E-Mail-Austausch. Man unterhält sich über Musik, Filme, Essen, Wetter und vieles andere. Aber so nach und nach enden die meisten dieser E-Mail-Freundschaften so abrupt, wie sie begonnen haben. Nur Gabriela Romero bleibt.
Wir schreiben uns jeden Tag, sprechen viel über Musik, über die Beatles, darüber, wie es ist als Hamburger (wo die Beatles bekannt-

lich ihre Karriere begannen) nun in Liverpool zu sein (woher die Beatles stammten), ob man noch viel von den Beatles sehen könne (ja, man kann), wie die Musik heute so sei. Ob ich schon einmal in Manchester war, wo die Band der Stunde »Oasis« herkommt (ja, war ich – todlangweilig)? Und dabei erfahre ich natürlich auch, dass Gabriela gar nicht aus Italien stammt – oder zumindest nicht wirklich. Sie kommt vielmehr aus »Klein Venedig«, besser bekannt unter dem Namen Venezuela. (Venezuela heißt auf Italienisch »Klein Venedig«. Amerigo Vespucci nannte das Land so nach den Pfahlbauten der Indios. Sie ist also Südamerikanerin.) Somit erfahre ich in den folgenden Wochen viel über die politische Situation in Venezuela und wie das Leben ist, wenn man täglich, 365 Tage im Jahr, mindestens 30 Grad Celsius bei 80 % Luftfeuchtigkeit hat. Wie man den Tag verbringt, wie sie nachmittags in der Hängematte auf der Terrasse döst und Melone und Ananas isst. Von ihrer Familie erfahre ich vieles. Von ihrem Vater, der als Ingenieur an einem Krankenhaus baut. Leider geht dem Bauvorhaben ständig das Geld aus, sodass sie schon seit etlichen Jahren daran arbeiten. Von ihrer Mutter, die als Bio-Chemie-Professorin an der örtlichen Universität lehrt und ihren Onkels, die scheinbar nichts anderes machen, als bei Gabrielas Eltern auf der Terrasse zu sitzen, Barbecue zu essen und die häuslichen Whiskey- und Rumvorräte ihrer Bestimmung zuzuführen. Ich höre von Onkel Andrés, der alle paar Monate nach Kalifornien auswandert (immer mit großer Abschiedsfeier), nur um wenige Wochen später wieder nach Venezuela zurückzukommen, weil er das Leben in den USA nicht mag.
Gabriela ist gerade 18 Jahre alt, und damit eigentlich viel zu jung für mich (ich bin immerhin schon 26), aber ihre Schilderungen über ihr Leben, ihre Familie, das Chaos, aber auch den damit verbundenen Spaß fange ich an mehr und mehr zu genießen. Wenn ich morgens in das Computercenter komme, um, umgeben von zig fleißig tippenden Studenten, unter viel zu grellen Neonröhren an meiner Magisterarbeit zu werkeln, dann freue ich mich immer, zuerst meine E-Mails zu lesen und darin jeden Tag eine neue E-Mail von Gabriela zu

finden. Unsere E-Mails werden von Tag zu Tag länger. Ein bis zwei A4-Seiten sind keine Seltenheit. Ich erkläre Gabriela viel über Deutschland, den Zweiten Weltkrieg, über Europa und warum ich ein so begeisterter Europäer bin. Berichte von meinen Reisen nach Asien, nach Vietnam, Thailand, Malaysia und Laos. So lernen wir uns täglich besser kennen, tauschen Gedanken, Sorgen, Freuden aus und erzählen uns gegenseitig, was wir noch alles sehen, lesen, hören und machen wollen. So geht es sechs Monate lang.

Hamburg

Im November 1998 erleidet unsere »E-Mail-Beziehung« einen ersten Dämpfer. Ich bin mit meiner Magisterarbeit fertig und werde bald wieder in Hamburg sein. Dort habe ich aber keinen Computer und schon gar kein Internet. So müssen Gabriela und ich wohl in Zukunft erst einmal auf traditionelle Formen der Kommunikation wie Brief und Telefon zurückgreifen. Als ich aber in Hamburg ankomme, begrüßt mich meine Mutter mit dem Satz, dass ich ein Päckchen aus Venezuela erhalten hätte. Darin finde ich neben einem Brief und kleinen Geschenken auch hundert grüne Konfettiherzen. Ein erstes untrügliches Zeichen?

Es dauert zum Glück nicht allzu lange, bis ich in Lohn und Brot stehe und kurz darauf dann auch wieder über E-Mail verfüge. So können Gaby und ich wieder anfangen, uns täglich zu schreiben. Im Oktober 1999 fahre ich dann erstmals seit Beginn meiner Arbeit in den Urlaub und zwar nach Sri Lanka, wo ich einen Tauchkurs mache und mich ansonsten nach allen Regeln der Kunst erhole. Als ich nach zwei Wochen wieder nach Hause komme, wartet nicht nur Post von Gabriela auf mich, sondern auch eine Anfrage, an die ich mich wie folgt erinnere: »Wenn du schon so gerne in Dritte-Welt-Länder fährst, wie nach Sri Lanka oder Vietnam, warum kommst du dann nicht mal nach Venezuela?«

Ich bin überrascht und sprachlos (Letzteres passiert mir recht selten) und denke darüber nach. Es ist nun fast eineinhalb Jahre her, dass wir angefangen haben uns zu schreiben, und ich merke, dass es mir sehr wichtig ist, dass Gabriela schreibt. Wenn sie einmal einen Tag aussetzt, mache ich mir Sorgen oder versuche sie anzurufen oder schreibe dreimal am Tag. Ja, ich muss mir eingestehen, dass ich ohne ihre täglichen Mails nicht der Gleiche bin. Ich bin unglücklich und genervt. Und nun schlägt sie vor, dass wir uns doch sehen könnten. Man mag sich fragen, warum mir dieser Gedanke nie vorher gekommen ist. Ich habe keine plausible Erklärung, außer der, dass mir Südamerika eigentlich verhasst war. Vor meinem geistigen Auge hatte sich dieser Kontinent über Jahre zu einem einzigen Klumpen aus Militärjunta, Ponchos, Che Guevara und »El Condor Pasa« verformt – also fürchterlich unattraktiv. Aber, dachte ich, es könnte interessant sein, wenn man dort Familienanschluss hatte und ja, es könnte wunderbar sein, Gabriela zu treffen. So beschließen wir also, dass ich im August 2000 nach Venezuela kommen werde.

Venezuela

Als es dann einige Monate später so weit ist, hat meine Mutter (wie Mütter das machen, weiß ich nicht) den Braten natürlich längst gerochen: »Nicht, dass ich dann noch Spanisch lernen muss«, sagt sie lachend zum Abschied und ich mache mich auf zum Flughafen. Von Hamburg nach Amsterdam und von dort in Venezuelas Hauptstadt Caracas. Von hier muss ich noch weiter nach Maracaibo. Ich erspare mir an dieser Stelle die Details der Einreise und der völlig fehlenden Englischkenntnisse der Check-in-Mitarbeiter an diesem »internationalen« Flughafen. Also sitze ich wenige Stunden später in meinem Flugzeug nach Maracaibo. Es gibt warme Cola und salzige Cracker und ich fange an, mich an mein vollkommen verschwitztes Ich zu gewöhnen. Die Luft ist unerträglich und alles klebt an mir.
Nach einer knappen Stunde landen wir in Maracaibo und nun geht mir der Allerwerteste doch gehörig auf Grundeis. Den ganzen Flug lang habe ich mich nur gefreut zu kommen, doch jetzt zittere ich von Kopf bis Fuß und meine Handflächen schwitzen noch mehr als

ohnehin schon. Was hab' ich bloß gemacht? Was ist denn in mich gefahren? Ich bin gerade zehn- oder fünfzehntausend Kilometer gereist, um eine Frau zu treffen, die ich noch nie gesehen habe, bei einer Familie zu wohnen, die mir gänzlich unbekannt ist und in einem Land meinen Urlaub zu verbringen, von dem ich weniger weiß als von Salzgitter (ich weiß wirklich gar nichts über Salzgitter – das will also schon was heißen). Für einen kurzen Moment erörtere ich die Möglichkeit, einfach im Flugzeug sitzen zu bleiben, um gleich wieder zurückzufliegen. Da mir aber keine gute Geschichte einfällt, wie ich der Stewardess – entschuldigen Sie, der Flugbegleiterin – glaubhaft beibringen könnte, dass ich versehentlich in diese Maschine geraten sei (davon abgesehen, dass ich mich aufgrund fehlender Sprachkenntnisse gar nicht mit ihr unterhalten kann) beschließe ich, mich der Situation zu stellen.
Nach einem Wirrwarr von scheinbar endlosen Gängen laufe ich auf eine große Glasfläche zu, hinter der die Verwandten, Freunde, Ehefrauen und Ehemänner mit Kindern auf die Ankömmlinge warten. Jetzt ist der Moment gekommen. Jetzt gilt es, denke ich und da erblicke ich Gabriela auch schon. Mein Herz klopft rasend schnell und eine erneute Angstschweißattacke überkommt mich. Ich muss noch kurz auf meinen Koffer warten und dann öffnet sich endlich die Schiebetür und wir stehen uns das erste Mal gegenüber. War es komisch? War es befremdlich? War es vielleicht enttäuschend? – Nein, es war wunderbar vertraut. Wir umarmen uns und lächeln uns sofort an, als wäre ich nicht das erste Mal hier, sondern eigentlich immer hier und nur einmal kurz weg gewesen. Es ist, als würden wir uns eben schon Jahre kennen. Instinktiv wissen wir nun endgültig, dass wir wohl zusammengehören. Zwei Wochen später verloben wir uns. Bei einem großen Essen mit ihren Eltern und nächsten Verwandten, bitte ich ihren Vater um ihre Hand. Ganz klassisch. Das Problem ist nur, dass ich kein Spanisch – und er kaum Englisch spricht. Alles muss also durch Gabriela übersetzt werden. Es beginnen die schrecklichsten fünfzehn Minuten meines Lebens (außerhalb meiner Abiturklausuren), denn ich bemühe mich angestrengt, an der

Miene ihres Vaters abzulesen, ob er mit dem Gesagten einverstanden ist oder eher nicht. Dann setzt sein mächtiger Bariton ein und ein spanischer Wortschwall, der mich an die Niagarafälle denken lässt, geht über mich hernieder. Ich verstehe zwar kein Wort, stelle mir aber vor, wie er mich gerade nach allen Regeln der Kunst beschimpft. Was ich mir denn wohl einbilden würde, hier mal eben mir nichts dir nichts aus Deutschland anzukommen, um sein wertes Töchterchen zu ehelichen, dass das ja wohl das Letzte sei und dass er den Tag verfluche, an dem ich seine Türschwelle übertreten habe. Ich sehe schon Gabrielas Onkel mit gewetzten Messern hinter der Tür auf mich warten, als ihr Vater plötzlich abbricht, Gabriela sich mit einem Lächeln zu mir umdreht und sagt: »Er ist einverstanden.«

Ich bin so froh und aufgeregt, dass ich ihr eilig den zuvor gekauften Verlobungsring überstreife, ohne sie zu fragen, ob sie eigentlich meine Frau werden möchte.

Ich habe kaum meinen Ring übergestreift, da sehe ich schon Gabrielas Mutter am Telefon und höre, wie aufgeregt die Neuigkeit per »Familienfunk« weitergegeben wird. Keine Viertelstunde später kommen Anrufe aus Kalifornien und Kanada, die uns zur Verlobung gratulieren und Nachbarn stürmen die Wohnung. Die in Maracaibo lebende Familie kommt in Konvois vorgefahren und gefühlte hundert Menschen, die ich noch nie zuvor gesehen habe, umarmen mich und drücken mir dicke Schmatzer auf die Wange, um mir dann irgendwelche Glückwünsche mitzugeben. Ich lächle und nicke und versuche so meine fehlenden Sprachkenntnisse zu kaschieren.

Der Rest der Geschichte ist schnell erzählt. Im selben Jahr feiern wir bereits Weihnachten zusammen in Maracaibo, im folgenden Sommer sehen Gabriela und ich uns in Kanada bei ihrer Schwester und dann im Winter kommt sie erstmals nach Deutschland, das sie grau, mit Schneematsch und Dauerregen kennenlernt. Am Ende erklärt sie aber dennoch, hier mit mir leben zu wollen. Vielleicht das größte Wunder an unserer Geschichte.

Im Sommer 2002 ist es dann endlich so weit. Gabriela und ich heiraten. In Venezuela – da der Transport ihrer Familie die gesamte Jumboflotte der Lufthansa belegt hätte, während meine Familie locker in eine dreisitzige Cessna passt. Wir leben jetzt seit vier Jahren glücklich verheiratet in Deutschland und planen in absehbarer Zeit unseren Nachwuchs.

Gabriela Mörken-Romero, geb. 1980 in Maracaibo, Venezuela. Nach der Schule Studium der Ingenieurwissenschaften an der Universidad des Zulia. Seit 2002 verheiratet mit Christian Mörken. Sie leben in Stuttgart.

Christian Mörken, geb. 1972 in Hamburg. Nach der Schule Studium der Musikwissenschaften an der Universität Hamburg sowie der University of Liverpool. Seit 1998 in der Musikindustrie tätig, u. a. für Herbert Grönemeyer, Sarah Brightman und Chris Rea. 2004 Umzug nach Stuttgart, wo er für den Hänssler Verlag im Musik & Filmbereich tätig ist .

Das Versprechen

Ich frage mich noch heute: »Wie kommt es, dass man sich tatsächlich auf einen wildfremden Menschen so ganz und gar einlässt?« Es passiert ja sozusagen jeden Tag viele Tausend Mal auf unserem schönen Planeten Erde. Hier ein Beispiel, eines von Millionen solcher Inszenierungen: Inzwischen sind genau 1, 2, 3 … 23 Sommer vergangen.

Erster Blickkontakt zwischen Elisabeth und Thomas auf einer zweiwöchigen Alternativfreizeit in der Schweiz. Mama Bär hat ohne Erlaubnis Tochter Bär angemeldet.

Eine Woche später, nach einer unmenschlichen Frühtour, kommen die beiden tatsächlich ins Gespräch und beginnen im Anschluss an die Freizeit einen flüchtigen Briefwechsel. Inzwischen sind mehr als 24 Monate vergangen. Wir zählen das Jahr 1983. Auf einem Stuttgarter Balkönchen werden sie ein Paar.

Das Resultat einer 12-wöchigen Beziehung ist: Elisabeth bekommt eine Gürtelrose. Sie ist sich nämlich ihrer Gefühle nicht mehr sicher. D.h. sie muss das Liebesverhältnis beenden.

Ein Jahr vergeht. Ein zweites. Das dritte bricht an und die Story fängt neu an.
Elisabeth schickt während ihres einjährigen Auslandsaufenthaltes in London einen Schokoladenrundbrief an alle Freunde – auch an Thomas.

Elisabeth beendet ihren einjährigen Aufenthalt in London. Auf der Rückfahrt auf dem Schiff denkt sie: Mit den Männern ist es echt superschwierig. Vielleicht habe ich die Gabe der Ehelosigkeit und wollte es nur noch nicht gemerkt haben. Dann schule ich auf Hebamme um und bleibe Single.

In Rutesheim angekommen, erwartet Elisabeth total unverhofft ein Brief von Thomas. Sie liest laut den Brief.

Elisabeth liest laut: »Liebe Elisabeth, … kannst Du mir das Versprechen, dass ich Dir vor drei Jahren gegeben habe, zurückgeben? Nämlich, dass du jederzeit zu mir zurückkommen kannst?«
Elisabeth war total überwältigt, dass jemand über eine so lange Zeit an einem solchen Versprechen festhält. Sofort antwortete sie und schreibt: »Natürlich gebe ich das Versprechen zurück.«

Ein paar Wochen später stehen sie sich zufällig in Tübingen gegenüber. Es gibt ein kleines Hallo-Gespräch – Small-Talk-like.

… und in diesem Augenblick war es geschehen: Elisabeth fährt nichts ahnend (betreffs ihrer Gefühle) ins Allgäu. Thomas versucht sie zu Hause telefonisch zu erreichen. Mama Bär fragt sofort nach der Rückkehr ihre Tochter: »Thomas hat angerufen! Was bedeutet das?« – Elisabeth denkt: Oh nein, was will er? – und nimmt trotzdem Kontakt mit ihm auf.

Sie verabreden sich für den nächsten Abend. Thomas leiht sich ein Auto und holt Elisabeth von der Spätschicht ab. Und nun geht es Schlag auf Schlag:
Noch an diesem Abend kommt der für Elisabeth absolut unerwartete Heiratsantrag:

Nach einer zweiwöchigen Testphase und einem tiefen inneren Frieden, keiner Unsicherheit, keiner Gürtelrose, stellen die zwei fest: Das Glück ist nicht mehr aufzuhalten. Elisabeth und Thomas geben freudig ihre Beziehung in der Öffentlichkeit bekannt, verloben sich und kein Jahr später sind sie glücklich verheiratet. Und da sie noch nicht gestorben sind und vier schnuckelige »Liebes«-Kinder haben, lieben sie sich heute noch – und dies nach genau 6280 Tagen. Für Rückfragen stehen sie jederzeit gerne Rede und Antwort.

Um auf die Einstiegsfrage zurückzukommen: »Man kann eigentlich nur als Königskind des Höchsten sich auf diesen Weg begeben, weil Gott Mann und Frau geschaffen hat.« Als gemeinsamen Trauspruch wählten wir Psalm 27,5: »Eines bitte ich vom Herrn, das hätte ich gerne: dass ich im Hause des Herrn bleiben könne mein Leben lang.«

Thomas Peters, geb. 1964 auf Sumatra, und Elisabeth Peters, geb. 1964 in Rutesheim.
Am liebsten essen und trinken wir, fahren Fahrrad, hängen mit Freunden und Bekannten ab und feiern – und sprechen mit Menschen über die Liebe und Freundlichkeit Gottes in Jesus Christus.

Was würdest du sagen, wenn ich dich fragen würde

Angelika

»O Herr, wenn du meinst, ich solle je heiraten, dann aber bitte nicht den.« Das war ein blitzschneller Gedanke, der durch meinen Kopf schoss. Nicht aufzuhalten oder gar zu verneinen, als ich Hartmut zum ersten Mal sah. Meine Freundin und ich – sie groß und schlank, ich klein und rund (jedwede Ähnlichkeiten mit Dick und Doof sind rein zufällig, aber nicht beabsichtigt) – betraten das Klubzimmer des Gemeindehauses, wo immer der Jugendbibelkreis stattfand. Wir beide waren neu in Stuttgart, begannen unsere Krankenpflegeausbildung und ich kam nicht hierher, um zu heiraten.

In der Gemeinde fand ich sehr schnell meine neben der Ausbildung möglichen Aufgaben. Dadurch ließen sich aber Kontakte und Begegnungen mit Hartmut nicht vermeiden, was jedoch anfangs sehr ungefährlich war. Es dauerte beinahe ein Jahr, bis sich die ersten Schmetterlinge in meinem Bauch regten. Ich war völlig überrascht.

Während der Vorbereitung zu einer Jugendevangelisation arbeiteten wir sehr häufig zusammen. Für mich bot dies genügend Zeit und Möglichkeiten, ihn einfach zu beobachten. Seine Einsatzfreude, sein Organisationstalent, sein Umgang mit all den Mitarbeitern – vor allem mit den Mitarbeiterinnen, immer mit einer gewissen Distanz – hatten es mir angetan. Wir waren ja alle im heiratsfähigen, viele auch im heiratswilligen Alter und da fielen nebenher so manche Bemerkungen über Vorstellungen, Wünsche und Ziele, die sich Einzelne über und von einer Ehe machten und hatten. Wir arbeiteten weiter, ich hielt meine Ohren und Augen offen und die sich zur großen Kolonie entwickelnden Schmetterlinge unter Verschluss.

Hartmut

Es lässt sich schlechterdings nicht vermeiden: Junge Männer sind beständig auf Partnersuche. Sie schauen Mädchen immer auch mit den Augen des Suchenden und Fragenden an. Und es ist sehr normal, dass schon der erste Blick auch Gefühle und Gedanken auslöst. Und so war es ganz unvermeidbar: Als jene zwei Neuen eintraten, durchzuckte mich unweigerlich der Gedanke: »Die vielleicht; die aber nicht!« Und das »Nein« bezog sich auf die kleine Pummelige, die mich mit meinen 1,83 nicht so anmachte wie die Große und Schlanke der beiden. Aber ich hatte aus schlechten Erfahrungen mit mir selbst und meinen Gefühlen doch auch schon mit 18 gelernt gehabt, dass solche Erstgefühle besser erst in ein Sieb gehören – das des Betens, Wartens, Durchdenkens – und mitunter dann auch schnell ausgesiebt werden sollten.

Während jener Vorbereitungszeit der Jugendevangelisation machte mich mein Mitorganisator und Mitleiter der Werbeaktion auf Angelika aufmerksam. Es war weder Zeit noch Stunde für ein Gespräch. Nur die kurze Entgegnung, dass ich mir das auch schon überlegt habe. Dann wurde wieder gearbeitet.

Angelika

Wie lange ich meine tatsächlichen Empfindungen noch würde verheimlichen können, wusste ich nicht. Aber ich hatte auch meine Vorstellungen. Ich wollte keine lange unkonkrete Freundschaftszeit. Wenn die Sache klar ist, dann wollte ich mich schnell verloben, um jeglichen Gerüchten und Spekulationen den Boden zu nehmen. Zudem waren wir ja beide in der Jugendarbeit. Auch von daher schien es mir unangebracht, einfach so als Pärchen aufzutreten. Ich hatte auch meine Vorstellungen von Ehe, Familie und Kindern.

Aber noch war es ja nicht so weit. Und ich wusste überhaupt nicht, wie und was Hartmut empfand. Einmal fragte er mich, ob ich ihm am Sonntag Frühstück machen würde, dann könnten wir anschließend zum Gottesdienst gehen. Hatte diese Frage etwas zu bedeuten? Ich lehnte selbstsicher ab. Soll er doch selbst sein Frühstück machen.

In meinem Innern sah es anders aus. Ich war verliebt bis über beide Ohren, erlebte innerlich Kneippbäder, hatte Sauna pur in meinen Adern, sein Gesicht verfolgte mich beim Arbeiten, ich wünschte mir, dass er einfach mir mal so über den Weg läuft – und ich betete: Herr, wenn es sein soll, dann zeige es mir, lass ihn mich fragen. Wenn nicht, dann zerschlage meine Gefühle …

Letzteres wäre mir elendiglich schwergefallen. Und ich hoffte inständig, dass das nicht eintritt. Vermutlich wäre ich gestorben.

Aber eines war klar: Ich würde nicht den ersten Schritt tun. Eher würde ich mir die Zunge abbeißen, als dass ich mich offenbare. Da bin ich konservativ, aber das hat ja auch was Positives.

Hartmut

Als uns bald nach der Evangelisation überraschend unsere Gemeindediakonin verließ, übernahm Angelika die Leitung der Mädchengruppe und gehörte damit zu den leitenden Mitarbeiterinnen in unserer Jugendarbeit. Wir waren in einer Aufbruchzeit der Jugendarbeit und überlegten, ob es nicht an der Zeit wäre, eigene Jugendfreizeiten durchzuführen. Mit einem kleinen Team wollten wir uns aufmachen nach Südtirol, um eine für die erste Freizeit vielleicht gute Berghütte in Augenschein zu nehmen. Aber das Team schmolz zusammen und wir blieben plötzlich alleine übrig. Bis zum Starnberger See war die Reise noch mit einem Hilfsgütertransport von Medikamenten verbunden. Vom Zentrum von Wort des Lebens *aus, wo wir einen Tag und eine Nacht in froher Freizeitgemeinschaft bleiben konnten, war der Weg nur noch halb so weit bis zum Ziel in Südtirol.*

Natürlich war bei mir längst großes Interesse an Angelika erwacht. Auch mir hatte ihr Einsatz in der Jugendevangelisation und in der Jugendarbeit kräftig imponiert. Sie hatte damals die Chance des Nachtwachendienstes genutzt und nach kurzen Schlafstunden stand sie regelmäßig wieder da und hatte den vollen Tag kräftig mitgearbeitet. Und ich hatte auch den Eindruck, dass da eine junge Frau war, mit der ich mir vorstellen konnte, mein Leben zu teilen.

Die gemeinsame Fahrt war die Chance, dies auszuloten. Aber durfte ich das? Konnte ich mir mitten in den Vorbereitungen eines gemeinsamen Dienstes eine Anfrage an sie erlauben? Würde sie genügend frei sein, auch mit »Nein« zu antworten und könnten wir dann die gemeinsame Aufgabe dennoch unbeschwert weiterführen?

Ich wollte mir natürlich keinen »Korb« einhandeln und war eigentlich auch ein wenig unzufrieden, dass ich wohl den ersten Schritt machen müsste. Natürlich hatte ich inzwischen gelernt, meine Schüchternheit auch mal hintenanzustellen. Aber solche schwierigen Schritte hätte ich gerne erst als Zweiter getan. Warum müssen eigentlich die Männer fragen? So ging es mir durch Kopf, Herz und Magen.

Beim Mittagessen nahm ich allen mir möglichen Mut zusammen, vorsichtig, mit möglichst geringster Verletzungsgefahr, Peinlichkeit und Blamage für uns beide. Ich ging die schwierigste Frage aller Fragen diplomatisch an, sodass ich höchstens gewinnen, aber nicht wirklich verlieren konnte. »Was würdest du eigentlich sagen, wenn ich dich fragen würde?« – Kurz und schnell konterte Angelika nicht weniger geschickt: »Dann musst du mich halt fragen!« Ups! Das war ein klares Signal: Die Ampel war von »rot« auf »rot-gelb« gesprungen, dem nur noch »grün« folgen konnte.

Ich habe schon erwähnt, dass ich über negative Erfahrungen mit mir selbst verfügte. Ich war früher in Freundschaften hineingestolpert. Das wollte ich nicht wiederholen. Und darum bat ich sie, jetzt erstmal ihr auch die Seiten meines Lebens erzählen zu dürfen, die sie nicht kannte und nicht kennen konnte. Und wir sprachen dann über unsere Vorstellungen von Ehe und Familie, von der Priorität der Liebe zu Jesus Christus. Es musste klar sein: Der Ehepartner steht, wenn der Dienst es erfordert, in der zweiten Reihe. Es war ein nüchternes, sehr nüchternes, aber langes Gespräch. Aber das war für unsere Gemeinsamkeit besonders wichtig. Für Gefühle und romantische Stimmung mussten wir nicht sorgen, die waren ja abrufbereit. Aber das notwendig nüchterne Gespräch, das uns auf dem Boden der Tatsachen stehen ließ. Und dabei wurde klar: Wir passen zusammen. Wir haben die gleichen Zielvorstellungen. Und wir konnten uns auch schnell auf den gemeinsamen Zeitplan verständigen: Schnell mit den Familien den Verlobungstermin abklären und dann nach Angelikas Ausbildungsabschluss bald heiraten. Das waren knapp 2 Jahre. Das schien uns sehr lange, aber eben von den äußeren Gegebenheiten her sinnvoll und gut. Darum konnten wir uns dann auch bald auf unser Motto einigen, das später über unserer Trauung stand und uns in unserer Ehe und Familie leiten sollte »Ich aber und mein Haus, wir wollen dem Herrn dienen« (Josua 24,15).

Angelika

Es war schwer, unseren Eltern unseren Entschluss verständlich zu machen. Sie trauten dem schnellen, für sie überstürzend erscheinenden Vorhaben verständlicherweise nicht. Aber wir haben uns im wahrsten Sinne des Wortes durchgesetzt. Nach einigen Wochen – wir haben den ursprünglich geplanten Verlobungstermin deshalb nochmals 10 Wochen hinausgeschoben, bis auch Hartmuts Bruder geheiratet hatte – konnten sie es dann schließlich akzeptieren, dass wir uns am Tag vor Hartmuts 20. Geburtstag verlobten. Wir konnten das gemeinsam feiern und es bedeutete zugleich das erste Zusammentreffen unserer Familien. Arbeitskollegen und mit Ausnahme ganz weniger Eingeweihter aus unserer Jugendarbeit waren ziemlich überrascht und aus dem Häuschen, als wir ihnen zwei Tage nach der Verlobung diese mitteilten. Aber klare Verhältnisse waren uns ja wichtig, nicht zuletzt im Blick auf die Verantwortung in der Jugendarbeit.
Nun mussten wir noch eine Weile warten bis zur Hochzeit. Ganze eineinhalb Jahre! Mir schien es eine unglaublich lange Zeit. Ich wäre am liebsten gleich zum Standesamt gegangen! Wie kann man das aushalten!
Aber erst musste sein Examen noch geschafft werden, dann noch meines einige Monate später. Aber dann, endlich! Wir waren jung, hatten wenig Geld, also wurde es eine einfache, aber ganz tolle Hochzeit, dank vieler liebevoller und hilfsbereiter Leute aus unserer Gemeinde.

Das Ganze liegt nun über 31 Jahre zurück. 1973 haben wir uns verlobt, 1975 geheiratet.

Heute muss ich schmunzeln darüber, dass mir die eineinhalb Jahre Verlobungszeit *sooooooo* lange erschienen.

Angelika und Hartmut Steeb, verheiratet seit 1975, haben 10 Kinder und wohnen in Stuttgart. Hartmut ist Generalsekretär der Deutschen Evangelischen Allianz, Angelika ist gelernte Krankenschwester, Hausfrau und Mutter und als Referentin bei Frauenfrühstückstreffen unterwegs.

Die Geschichte ihres Lebens

Angelikas Geschichte

Dass ich nicht ohne einen Partner bleiben sollte, dafür hatte ich ein klares »Ja« von Gott.

Doch wer und wie dies funktionieren sollte, weitab von der »deutschen Zivilisation«, konnte ich mir schwer vorstellen.

Gott gab mir schon viele Jahre zuvor einen Ruf für das Land Rumänien. Schon vor der Revolution im Dezember 89 besuchte ich dieses Land oft und es zog mich immer wieder hin wie ein Magnet. Im Frühjahr 1994 (ich war 26 Jahre alt) entschied ich mich dann, ganz in das Land Rumänien zu gehen und mit Gottes Hilfe ein Missionswerk aufzubauen. Geistlich ermutigt und auch ausgesandt wurde ich von dem Mutter-Missionswerk »Leben in Jesus Christus« aus Imst/Tirol. Das Leben dort allein und vor allem als Frau war schon eine Herausforderung für mich.

Dinge, die sonst Männer tun könnten oder meinen, sie sollten es tun, wurden einfach angepackt. Wenn der VW-Bus im eisigen Winter stehen blieb und nicht mehr fahren wollte, weil man an der Tankstelle zu viel Wasser in den Diesel goss, dann musste man eben als alleinstehende Frau lernen, wie man dieses Problem angeht. Oder wenn man Material für den Bau des Missionshauses besorgen musste und vieles zu einem echten Abenteuer wurde.

Manchmal kam dann schon ein schneller Ruf zu Gott bzgl. eines Ehepartners, der einem mit zur Seite steht, sodass wir dann gemeinsam in der Mission durch dick und dünn gehen könnten.

Die Missionsarbeit wurde immer umfangreicher. Gott legte seinen Segen sichtbar darauf.

Mein Herz brannte weiter dafür, weiter im Reich Gottes zu dienen und genau an dem Platz, wo er mich hingestellt hatte. Denn Jesus sagt: *»Trachtet zuerst nach dem Reich Gottes und seiner Gerechtigkeit, so wird euch das alles zufallen« (Matthäus 6,33).*

So mancher von meinen Freunden oder auch aus der Familie glaubte, dass ich in »solch einer Lage und Ausgangsposition« zu keinem Partner kommen könnte. Einem Mann, der gleich ein ganzes Missionswerk mitheiratet?

Im Mai 1998 begann ich, mich mit drei rumänischen Freundinnen regelmäßig zum Gebet zu treffen. Hauptanliegen dieser Gebetstreffen war, dass wir uns eins machten und im Glauben für unsere noch nicht sichtbaren Ehemänner beteten und sie einfach segnen wollten. Es waren sehr kostbare Zeiten für uns, in denen wir nicht in ein Selbstmitleid hineinsanken, sondern eher eine Freude in unsere Herzen kam, dass Gott niemals zu spät kommt und keine Fehler macht. In dieser Zeit sprach Gott zu meinem Herzen, dass im März 1999 etwas Entscheidendes passieren wird. Wir dankten einfach weiter. Ein paar Monate später war bereits die erste junge Frau von unserem Gebetsteam mit einem Pastor verheiratet.

Im September 1998 rief mich ein guter Freund und Bruder aus Deutschland an und fragte, ob ich mein Faxgerät eingeschaltet hätte, er hätte mir etwas Wichtiges zu schicken.

Er und eine ganze Gruppe von Jugendlichen hatten uns hier in Rumänien schon sehr viel praktische Hilfe gegeben, u. a. halfen sie mit, dass ein landwirtschaftlicher Maschinenring bei uns entstehen konnte. Oft kamen sie zu Besuch, auch einmal mitten in der Nacht. Damals sagte er mir, dass es doch viel zu schwer für eine alleinstehende Frau sei, diesen Job hier zu tun.

Er sagte: »Angelika, du brauchst einen Mann!«

Ich erwiderte ihm, dass ich keine Zeit hätte, auf »Mannsuche« zu gehen, sondern hier weitergehe, wo Gott mich hingestellt hat und *»alles andere mir zufallen wird«*.

Nun »fiel es mir aber zu« ... meterweise Faxpapier mit interessierten jungen Männern kamen durch den Apparat. Ich nahm diese Briefe, die sich alle auf ein Inserat bezogen (das meine Freunde ohne mein Wissen in verschiedenen christlichen Zeitschriften aufgegeben hatten), recht humorvoll.

Oftmals schüttelte ich nur lachend den Kopf, was es doch alles für Leute gibt!
Im Inserat stand etwa: *»Wir suchen für eine Missionarin in Südosteuropa einen starken Mann!«*
Nachdem meine Freunde sogar schon eine »Vorauswahl« trafen und diese dann durch das Fax mir schickten, besann ich mich und dachte nur daran, wie viele Unkosten diese Freunde mit den Inseraten hatten!!! Um ihnen meine Anerkennung auch auszudrücken, entschied ich mich, doch zwei Briefe zu nehmen und darauf zu antworten. Aber was sollte ich da eigentlich schreiben? Am besten schrieb ich, was ich so tue ... u. a. ein Missionswerk leiten und alles, was so in unserem Missionswerk läuft. Diese Briefe folgten dann auch noch auf echtem vorgedrucktem Missionspapier. Der arme Empfänger, der muss gleich am Anfang einen Schock bekommen haben!
Aber ich bekam doch echt wieder eine Antwort zurück. Jetzt wurde mir es doch ein wenig mulmig. Ja, er wollte mich auch noch kennenlernen! Ein einfacher, aber glaubwürdiger Grund, dass dies nicht so einfach ist, war: dass ich doch viel zu beschäftigt bin.
Aber dieser junge Mann ließ nicht locker! Jetzt rief er auch noch bei mir an! Ich wollte ihn auch nicht so einfach vor den Kopf stoßen und sagte ihm, dass ich im Dezember 98 im Missionswerk in Österreich zu einem Mitarbeitertreffen sein würde – *aber ganz bestimmt nicht so viel Zeit habe*! Das sollte er gleich wissen. Doch er machte sich tatsächlich auf den Weg vom fernen Brandenburg nach Tirol, um diese unbekannte Frau zu sehen. Ja, da stand er nun.
Ein netter junger Mann. Er nahm an den Mitarbeitertreffen einfach mit teil. Ich hatte keine Ahnung, wer er eigentlich ist. Wusste auch nicht recht, wie ich ihn vor allen Mitarbeitern vorstellen sollte. Jeder bildete sich dann eben seine eigene Meinung.
Es war mächtig Winter. Mein Auto war noch in der Werkstatt. Mathias fragte mich, ob er mich zur Werkstatt begleiten könnte. Oh, er hatte Ahnung von Autos! Schaute gleich, ob die Reparaturen ordnungsgemäß ausgeführt wurden usw. So etwas fand ich schon beeindruckend, dass sich jemand so um mein Auto sorgt – oder um mich?

Wir sahen uns nur zwei Tage, alles sehr kurz. Es wurde nicht viel gesprochen. Als ich abreisen musste, fragte er mich, ob ich wüsste, wie man Schneeketten auf die Räder zieht. Na irgendwie komme ich da schon durch, die ganzen Jahre musste ich es ja auch irgendwie hinbekommen. Aber er wollte es mir doch einmal zeigen. Und dann sah er, dass mein Scheibenwischer nicht mehr ganz so flott ausschaute. Ging zu seinem Auto (er hatte genau das Gleiche, nur eine andere Farbe!) und tauschte seinen Scheibenwischer mit meinem. Oh das war schon wieder so Balsam auf mein Herz. Es tat einfach so gut, zu sehen und zu spüren, wie jemand da ist und sich um einen sorgt! So trennten sich unsere Wege wieder. Er fuhr nach Hause und ich nach Rumänien.
Ich hatte für die kommenden Wochen und Monate eine Reihe von Plänen und neuen Objekten. Da gab ich mich weiter hinein. Bevor ich um die Jahreswende in die USA flog, rief mich Mathias nochmals an. Wieder habe ich mich sehr kurz gefasst, versprach ihm, nach meiner Rückkehr mal einen Brief zu schreiben. Ein paar Wochen später rief er mich an und fragte, ob er mich einmal in Rumänien besuchen könnte. Er wolle Land und Leute kennenlernen. Er erzählte aber auch, dass er sich in mich verliebt hätte!! Jetzt wurde es mir aber doch ein wenig unheimlich. Ich fragte ein befreundetes Ehepaar, ob sie nicht ein paar Tage, wenn dieser bewusste Besuch kommt, mit mir im Hause sein könnten.
Und da kam Mathias mitten im dicken Schnee nach Vilcelele Bune, ein Ort, der nicht mal auf der Landkarte steht und wo die Welt zu Ende ist.
Er brachte einen schönen Strauß rote Rosen aus Deutschland mit. Liebevoll verpackt und versorgt, dass sie die lange Reise gut überstehen konnten. Na, jetzt musste ich meinen Gefühlen aber klar eine Anweisung geben: Bloß cool bleiben! Ich wollte mich nicht in jemanden so Hals über Kopf verlieben. Dann geht vielleicht was schief, es folgt Liebeskummer und man lässt die »Flügen hängen«. Nein, das wollte ich auf keinen Fall. Zumal ich die Verantwortung für das Missionswerk hatte und ich es nicht gut finden würde, wenn man »Durchhänger« wegen Liebeskummer hat.

Trotzdem, Mathias' Art und sein Wesen waren sehr liebevoll und hilfsbereit. Ich konnte gleich sehen: das ist jemand, der hat von vielen fachlichen Dingen auch Ahnung. Aber er prahlte damit überhaupt nicht herum. An diesem Wochenende, an dem er bei uns im Missionswerk war, lief gerade wieder vieles. So konnte er gleich ein Stück vom echten Missionsalltag erleben.
Für mich stellte sich die Frage, ob es ihm nicht zu viel würde. Wollte er es nur nicht sagen?
In der vorletzten Nacht, bevor Mathias wieder zurückfahren musste, hatte ich einen Traum: Ich sah, wie er Sonntagmorgen versuchte, zu einem Markt zu gelangen, wo er Blumen für mich kaufen wollte.
Als ich morgens aufwachte, es war gegen 6.30 Uhr, hörte ich im Hof ein Motorengeräusch.
Jetzt fährt er weg! Entweder ist es ihm doch zu viel oder ... wie war das in dem Traum?
Später rief er an, dass er nicht zum Frühstück käme, er verspäte sich ein wenig. Aber in meinem Herzen wusste ich, dass er sich durch das Dunkel des Morgens und den neuen vielen Schnee stahl, um mir Blumen zu bringen. Als er kam, sah ich keine Blumen (hatte er wohl versteckt). Erst am Abend, nachdem dann etwas Ruhe einkehrte, versprach ich ihm, mit ihm in ein Restaurant zu fahren. Bevor wir losfuhren, übergab er mir die Blumen. Jetzt wusste ich, dass auch ich mit einer Antwort gefragt war und mich nicht mehr hinter meiner Ausrede »Ich bin so beschäftigt« verstecken konnte.
Schnell griff ich mir zwei Comickarten, die ich auf meinem Schreibtischkasten stecken hatte und nahm sie einfach mit. Im Restaurant angekommen, stellte ich ihm einfach eine Karte hin, auf der stand: »Du bezahlst die Rechnung und ich sorge für die Unterhaltung.«
So viel »Unterhaltung« gab es gar nicht mehr, denn auf einmal sprachen nur noch die Herzen.
Es floss einfach durch beide Herzen, dass Gott hier etwas bauen möchte, was man menschlich niemals so kann. Der Kellner versuchte mehrmals vergeblich eine Bestellung aufzunehmen, wir sahen ihn gar nicht mehr.

Später fuhren wir zurück und Gott hat ein Band seiner Liebe um unsere Herzen geschlungen.
Beide konnten wir sehen, wie wir gemeinsam eine Vision für Menschen in Rumänien haben.
Dass Jüngerschaft und Gottes Reich uns ein gemeinsames Herzensanliegen ist.
Mathias hatte nicht losgelassen, ja er hatte gekämpft! Er gab nicht auf, das ist auch eine besondere Charaktereigenschaft von ihm, die mir ganz besonders Achtung vor ihm gegeben hat.
Gott hatte mir zwar eine Zusage gegeben, dass im März 99 etwas in meinem Leben passieren würde, aber ich hatte dies irgendwie in einem »anderen Schubfach« hinterlegt. Als Mathias am nächsten Tag zurückfuhr, verblieben wir, dass ich im März nach Deutschland fliegen würde, um die Familien kennenzulernen und wir uns verloben. So kam es dann auch und Gott steht zu seinem Wort. Wir bekamen sehr viel Bestätigung, auch von unseren geistlichen Leitern.
Im Juli 99 heirateten wir dann mit unseren Familien und Freunden in Deutschland und kurz darauf gab es auch eine große Hochzeit in Rumänien. Auch hier wurde Mathias sehr schnell von den Menschen herzlich aufgenommen.

Mathias' Geschichte

Ein Freund gab mir in einem seelsorgerlichen Gespräch den Bibelvers:
»Lass den Herrn die Quelle deiner Freude sein, er wird dir jeden Wunsch erfüllen« (Psalm 34,4; nach Gute Nachricht).
Diese Worte taten mir gut, nachdem ich mich mit Anfang 30 unpassend verliebt hatte und einsehen musste, dass es nicht geht, wenn nicht beide Partner an denselben Gott glauben.
In der darauffolgenden Zeit suchte ich verstärkt nach Gott und brachte mich mehr als zuvor in die Gemeindearbeit ein. Ich bekam richtig missionarischen Eifer und machte eine Reise, bei der die Verbreitung von Gottes Wort das Ziel war. Dabei bekam ich ein Traktat

in russischer Sprache in die Hand. In der Schule hatte ich 6 Jahre Russisch als Pflichtfach. Ich mochte diese Sprache damals überhaupt nicht. Einige Worte auf dem Traktat konnte ich jedoch entziffern. Es kam mir vor, als wenn Gott sagte: »Du wirst Leuten, die russisch sprechen, die Gute Nachricht bringen.« Danach interessierte ich mich für alles, was aus dem russischsprachigen Raum kam, begann Nachhilfestunden in Russisch zu nehmen und fuhr einmal bei einem Hilfsgütertransport in die Ukraine und nach Russland mit.
Da ich nicht den Eindruck hatte, für die Ehelosigkeit bestimmt zu sein, betete und fastete ich auch für meine zukünftige Ehefrau, auch wenn ich bei der Partnersuche wenig aktiv wurde.
Im Sommer 1998 las ich in einer christlichen Zeitschrift ein Inserat:
»....wir suchen für eine Missionarin einen Partner, mit Mut und einer Vision für Südosteuropa. Wir, ihr Freundeskreis.......wollen ihr dabei helfen.......«
Ich schaute in meinem Atlas die Karte des südlichen Osteuropas an. Es war ganz groß die Ukraine und das Schwarze Meer zu sehen. Also schrieb ich sofort hin. Etwas überrascht war ich, als ich als Antwort Post aus Rumänien erhielt.
Das war schon ein persönlicher Brief, aber auf einem offiziellen Briefpapier eines Missionswerks aus Rumänien. Das war keine leichte Kost! Trotzdem ließ ich mich nicht abschrecken und suchte den Kontakt zu der Missionarin Angelika herzustellen.

Obwohl Angelika bei einer Deutschlandreise quasi an meiner Haustür vorbeifuhr, kam kein persönliches Zusammentreffen zustande. Sie meinte aus Termingründen. Auch davon ließ ich mich nicht beirren und wartete auf eine nächste Chance einige Wochen später.
Das Missionswerk in Tirol, welches Angelika 5 Jahre zuvor ausgesandt hatte, veranstaltete ein Mitarbeiterseminar. Zu diesem kam Angelika aus Rumänien angereist und auch für mich hielt sie einen Platz reserviert. Im Vorfeld sagte ich mir, dass ich nur gewinnen könnte. Auch wenn wir nach näherem Kennenlernen feststellen würden, dass es keinen gemeinsamen Weg für uns gäbe, so würde

ich doch auf jeden Fall mehr darüber erfahren, wie ein Missionar im ehemaligen Ostblock lebt.
Unser Zusammentreffen war für mich zunächst interessant, aber nicht überwältigend. Wir gingen ohne bestimmte gemeinsame Ziele auseinander. Bei der anschließenden ca. 10-stündigen Heimreise stellte ich jedoch fest, dass ich mich in Angelika verliebt hatte.

Was mich in den darauffolgenden Tagen sehr beunruhigte, war die Sache mit meiner Vision, den russisch sprechenden Menschen das Evangelium zu bringen.
Intensiv suchte ich nach Antwort und Wegweisung von Gott. Dabei holte ich mir auch seelsorgerlichen Rat bei einem Pastor, der viel mit Missionaren zusammenarbeitete.
Er gab mir zu verstehen, dass Gott sehr oft Berufungen über Menschen ausspricht. Nicht selten vergehen dann viele Jahre, in denen kaum etwas geschieht, bis diese dann verwirklicht werden. Am selben Abend wurde im Gottesdienst über Jesaja 40,1-11 gepredigt.
Im Vers 11 heißt es: *»Er wird seine Herde weiden wie ein Hirte. Er wird die Lämmer in seinen Arm sammeln und im Bausch seines Gewands tragen …«*
Dieses Wort hat mich sehr getroffen. Genau dies ist das Logo des Missionswerks, für das Angelika arbeitet. Vorher fand ich dieses Symbol ziemlich kitschig.
Jetzt hatte ich den Eindruck, dass Gott bestätigt hat, in welche Richtung ich gehen sollte. Das gab mir auch die Sicherheit, mich Angelika gegenüber zu öffnen und weiter Kontakt zu suchen.
Nach etwa eineinhalb Monaten bekam ich die Gelegenheit, mit einem Freund für einige Tage nach Rumänien zu fahren. Sein Schwager leitet dort eine Altenpflegestation. Bei dieser Gelegenheit besuchte ich für drei Tage Angelika und konnte auch das Missionswerk vor Ort kennenlernen. Einerseits wollte ich Angelika nicht bedrängen, andererseits signalisierte ich ihr aber deutlich, dass sie mir gefiel und meine Gefühle für sie echt waren. Bewusst war ich mir auch, dass eine Partnerschaft mit ihr für mich einen radikalen Neu-

anfang bedeuten würde. Das hieße nicht nur, einen Bund fürs Leben einzugehen, sondern auch 1700 Kilometer entfernt von der geliebten Heimat, in einer fremden Kultur, mit einer neu zu lernenden Sprache, mir ein neues Aufgabenfeld zu erschließen.
Trotz alledem war ich mir noch immer ziemlich sicher, was ich tat. Angelika ließ sich von meiner Beharrlichkeit überzeugen und öffnete ihr Herz mir gegenüber am 14. Februar 1999. Wir beide waren uns sicher genug, uns einen Monat später zu verloben (nachdem wir auch mit Eltern und Freunden über unsere Pläne gesprochen haben). Die folgende Zeit bis zu unserer Hochzeit im Juli war nicht ohne Konflikte und Herausforderungen. Doch blieb bei mir die Gewissheit, das Richtige zu tun, besonders weil wir beide den Eindruck hatten, dass es auch vor Gott richtig war, was wir vorhatten.

Im Nachhinein kann ich sagen, dass mir die Umstellung in die neue Lebenssituation nicht sehr schwergefallen ist. Noch zwei Jahre zuvor hätte ich mir nie vorstellen können, meine Heimatregion zu verlassen.
Gott hat mich in allem darauf vorbereitet.
Was meine Vision mit den russisch sprechenden Menschen betrifft, zunächst nur so viel: Sie ist noch immer präsent. Wir haben beide konkrete Vorstellungen, was daraus werden könnte, jedoch nicht in momentan absehbarer Zeit.

Angelika & Mathias Wenger, 7 Jahre verheiratet, eine Tochter Hanna
(zweites Kind unterwegs)

Statt eines Nachworts

Wie ein seltener Stein,
wie ein Edelweiß im Schnee,
eine Perle im Sand,
wie ein Schwan auf einem See –
Du standst da, sahst mich an,
jeder wusste, was begann:
Das Geschenk für zwei Menschen,
das uns Gott nur geben kann.

Wie ein Bild, das man sieht
und nach Jahren erst versteht.
Wie ein sonniger Weg,
den man nie zu Ende geht:
Deine Art und dein Stil,
Dein Charakter, Dein Gefühl,
sie sind so, dass ich mit Dir
nun gemeinsam leben will.

Wie der Tau auf dem Gras,
wie ein Feuer in der Nacht,
eine Düne am Meer,
die der Wind hervorgebracht –
Du hörst zu, nimmst dir Zeit,
Dein Verstehen trägt mich weit.
Voller Staunen sehn wir
das Wachstum unsrer Zweisamkeit.

Blick zufrieden zurück:
Fünfundzwanzig Jahre Glück!
Gab es Eis auf dem See,
bliebst Du dennoch treu und zäh
wie ein Schwan, wie ein Stein.
Und Du weißt noch aus noch ein
mit Humor und Verstand,
weitem Herzen, fester Hand.

Unsre Kinder sind groß,
bald schon lassen wir sie los.
Denn auch sie kommen an,
wo für uns das Lied begann.
Was geheimnisvoll bleibt,
uns zu neuen Ufern treibt:
Wenn Du sagst und ich schrieb
»Ich hab dich immer noch so lieb«

»Liebeslied«.
Text und Mel.: Andreas Malessa 1978/2003.